组织经验萃取

马 博 著

清华大学出版社
北京

内 容 简 介

随着商业环境的不断变化，越来越多的中国企业开始重视自身经验的传承，萃取组织经验已成为企业培训、业务复盘、内部分享、师带徒等的必备环节，萃取成果更是成为企业记录改革与发展历程的重要载体。

本书以"如何在企业中开展组织经验萃取"为主题，结合笔者为数百家标杆企业开展萃取项目的实践经验，从标杆企业开展组织经验萃取工作的案例入手，从萃取流程与方法、企业落地应用场景、萃取常见问题及解决方案等维度展开论述，致力于为读者提供落地性强、实操性强的组织经验萃取方法论。

本书适合企业培训人员、企业管理人员以及对组织经验萃取感兴趣的人员阅读。

图书在版编目(CIP)数据

组织经验萃取 / 马博著.—北京：清华大学出版社，2022.9
ISBN 978-7-302-61674-0

Ⅰ. ①组… Ⅱ. ①马… Ⅲ. ①企业管理—组织管理学 Ⅳ. ①F272.9

中国版本图书馆 CIP 数据核字 (2022) 第 145051 号

责任编辑：施 猛 王 欢
封面设计：常雪影
版式设计：孔祥峰
责任校对：马遥遥
责任印制：丛怀宇

出版发行：清华大学出版社
　　　　　网　　　址：http://www.tup.com.cn，http://www.wqbook.com
　　　　　地　　　址：北京清华大学学研大厦 A 座　　　　邮　　编：100084
　　　　　社 总 机：010-83470000　　　　　　　　　　　邮　　购：010-62786544
　　　　　投稿与读者服务：010-62776969，c-service@tup.tsinghua.edu.cn
　　　　　质 量 反 馈：010-62772015，zhiliang@tup.tsinghua.edu.cn
印 装 者：北京同文印刷有限责任公司
经　　销：全国新华书店
开　　本：180mm×250mm　　　**印　　张：**8.5　　　**字　　数：**177 千字
版　　次：2022 年 11 月第 1 版　　　**印　　次：**2022 年 11 月第 1 次印刷
定　　价：58.00 元

产品编号：098030-01

前　言

帮助中国企业用自己的智慧解决自己的问题

华为内部流传着这样一句话：经验的浪费是最大的浪费。

作为一名投身组织经验萃取领域已近10年的从业者，笔者接触过400余家中国各行业的灯塔级企业，看到了萃取组织内部经验和智慧被越来越多的企业所重视。如今，企业用自己的智慧解决自己的问题，已经成为一种趋势。

中国企业早期的发展较依赖于复制欧美企业发展模式，企业在经营和管理中也会倾向于借鉴国外企业的管理模式和方法论。例如，中国的培训咨询行业是从2000年初开始蓬勃发展的，那时候中国企业正处于快速发展期，企业人学习德鲁克管理理论、学习IBM经营理念成为一种时尚。

随着中国经济进入新的发展时期，共享单车、外卖送餐、移动支付等新商业模式得到快速发展。与此同时，华为思想、阿里模式也逐步成为人们追捧的企业管理思想"新贵"。这在中国的培训咨询市场中同样有所体现，相比过去对海外企业管理理想的推崇，这些年大家更愿意深度了解华为，更愿意走进阿里。这证明随着中国企业的强大，新的管理思想逐步形成，相比国外企业管理思想，中国企业管理思想在新经济发展中更具生存力，也更具推广价值。

向自己学习，挖掘中国式企业管理、经营、营销思想，成为一种新趋势，也是必然的道路。在各个新领域中，中国企业家和经理人迸发了新的智慧。在接触众多优秀企业家与经理人的过程中，笔者深刻地感受到他们身上的变化，"自信"正悄然成为中国企业家与经理人的新气质。

当然，很多时候我们还不具备系统总结自己的经验为他人所用的能力，这使得中国企业管理思想难以流传，我们需要系统推进"组织智慧沉淀"这项使命，让中国企业走出去，让中国企业管理思想走出去。

在越来越多的企业重视挖掘内部经验与智慧的同时，也有不少企业在开展组织经验萃取时陷入了一些误区。例如，更重视方法论本身而忽视了方法论在组织中的落地应用，更看重萃取工具而忽略了萃取对象的需求。基于此，笔者结合企业经验萃取与案例开发中的常见问题，撰写了本书，希望对企业开展经验萃取工作有所启发。

本书分为五篇。

理念篇，内容包括组织经验萃取概述、组织经验萃取的底层逻辑。

方法篇，主要介绍了企业经验萃取的准备工作，以及具体如何定主题、做案例、萃经验、建模型。阅读本篇内容，读者能够学到组织经验萃取的系统方法论。

应用篇，围绕"萃取+内训师培养""萃取+学习项目设计""萃取+复盘""萃取+人才评估""萃取+业务改进"以及企业案例体系建设，对萃取成果的落地应用方法进行解读和分析，帮助读者了解如何推动组织经验萃取工作在企业中落地应用。

解惑篇，围绕推进组织经验萃取落地时常遇到的七个问题进行解答。

资料篇，分享萃取成果示例，供读者参考。

限于时间和作者水平，本书难免存在不妥之处，敬请广大读者批评指正，反馈邮箱：wkservice@vip.163.com。

作者

2022年3月

目　录

应用篇　组织经验萃取的落地应用

理念篇

从一个人到一众人

第一章

组织经验萃取概述

第一节
组织经验萃取的定义与价值

　　经验萃取是指针对组织中的某个事件或特定人群挖掘有效经验，通过合适的方式传承与复制这些经验以供他人应用的过程，以此提升个人以及整个组织的工作效率和业绩。例如，企业可以对内部绩效排名靠前的销售人员进行经验萃取，挖掘其隐藏在营销过程和工作流程中的经验，供普通销售人员复制并应用，从而达到提升整体销售业绩的目的。很多企业曾经面临这样的情况：很多经验由"牛人"掌握，"牛人"走了，宝贵的经验也被带走了。而经验萃取的目的就是对这些依附于个人的经验进行整理提炼，从而积累组织财富。

第二节

有效经验

经验萃取是帮助企业挖掘有效经验的过程。那么，对组织来说，什么是有效经验？是不是所有的经验都值得萃取？笔者将有效经验的公式总结为

有效经验=对大概率事件的归因能力+对小概率事件的应对能力

1. 对大概率事件的归因能力

如果不同人群做出同样的行为，并引发了相同的结果，就可以理解为在行为与结果之间形成了一种大概率的因果关系。如果产生的结果是正面的，这样的行为就值得推广；如果产生的结果是负面的，就要告诉更多人避免。对此类"大概率引发某些结果的行为"的认知，就是有效经验。

组织经验萃取，应首先萃取能带来成功的大概率事件。例如，在某餐饮企业中，业绩好的门店大多数将传统视觉宣传物料放大几倍进行展示，如采用更大的海报、更大的字体、更大的菜单等。也就是说，"放大视觉宣传物料"是一条大概率促进业绩改进的经验。再如，在某互联网公司中，通常沟通效率更高的团队会在办公室内放置一块白板，大家会将达成的共识写在白板上，从而避免信息不对称造成的误会，那么"通过视觉化方式展现沟通信息"就是一条有助于提升团队沟通效率的经验。

对大概率事件的归因有助于我们逐步建立寻找规律的思维模式，可帮助企业将点状的信息和事件通过归因串联起来，形成对企业真正有效的经验。也许这些经验不能保证百分之百引发一个结果，但只要能提升成功或不再失败的概率，这些经验就值得去萃取。

2. 对小概率事件的应对能力

除了对大概率事件的归因，经验也来自对小概率事件的应对。很多时候，90%的工作按常规操作就可以完成，但可能会有10%的突发情况，这时候应采取不同的做法，而高手和普通人的区别，就在于对这种突发情况的处理方式。

例如，向客户介绍产品通常是常规工作步骤，但在向客户介绍产品的过程中，客户打断你，并提出难以回答的问题，这就是一种经常发生，但在标准流程中没有明确解决方法和标准的情况，在这种情况下，往往能看出高手和普通人的区别。通过提炼高手对小概率事件的应对方法，能够帮助我们在没有经历突发情况的前提下也能做好应对准备。如果一名员工能做到不对突发情况大惊小怪且应对自如，就表明他走向了

成熟。

对于大多数工作来说，发生小概率事件的可能性相对较小，但不发生任何小概率事件的可能性更小。如果能对关键人群应对小概率事件的经验进行提炼和传播，将有助于把企业效率提升变成大概率事件。

第三节
组织经验萃取对企业的价值

组织经验萃取的目的是对组织内部的有效经验进行挖掘和传播，从而支持企业提升经营效率。组织经验萃取对企业的价值可以概括为以下3个方面。

1. 传承组织智慧

一方面，组织在发展过程中，往往更关注每一次成功的结果，容易忽略将要发生的事件和对宝贵经验的挖掘。很多企业虽然经营多年，但对企业发展过程中的重大事件及关键经验缺乏记录和传承，导致大量的宝贵经验流失，这对企业来说是不小的损失。组织经验萃取可以帮助企业在"打仗"的同时记录和保存案例及经验，将其沉淀为组织智慧。例如，华为强调"边'打仗'、边总结、边学习"的原则，在开展业务的同时进行组织经验和案例沉淀，以保证每一场"战役"结束后，除了业务成果，还能获得宝贵的经验成果。

另一方面，组织制定的流程和标准往往落后于业务的发展速度，当企业面临新挑战、新问题时，相关流程和标准很可能无法在短时间内进行匹配。此时，通过组织经验萃取，可以帮助组织内部的团队及员工了解最佳实践的做法或吸取失败案例的教训，从而提升解决新问题的效率，也为企业建立配套的机制进行铺垫。

2. 挖掘和培养人才

一方面，基于有效实践经验挖掘人才，往往比基于能力挖掘人才更快速、更有效。在这个商业环境多变的时代，企业很难为新业务、新打法快速匹配能力素质要求，这个时候，可基于有效实践经验挖掘内部优秀人才，从而帮助企业选才时在能力之外建立一个新的维度。

另外，萃取的案例及经验可用于企业内部的人才培养，让培训内容更贴近业务实际场景，从而提高人才培养效率。华为的训战结合，就是典型的代表。

3. 改进绩效

在企业中，某些岗位往往拥有数量众多的从业者，例如营销人员、技术人员、项目管理人员等。萃取大规模人群中排名前20%的人才的实践经验并进行复制，可帮助企业中的腰部人才快速学习实践方法，改进绩效。例如，多家企业在营销岗位经验复制工作中，将头部营销人员的实践经验进行萃取整理，并组织腰部销售人员学习，由此推动营销问题的解决，有效提升业绩。

第二章
组织经验萃取的底层逻辑

企业开展经验萃取与案例开发工作，首先要明确有哪些经验值得萃取，以及如何推动组织经验萃取。这就要求经验萃取工作的推动者掌握关于组织经验萃取的两个底层逻辑。

第一节
哪些经验值得萃取——知识的良构与劣构

在开展组织经验萃取工作时，首先面临的问题是：在组织经营活动中，所有经验是否都值得萃取？

答案是否定的。基于美国教学设计领域著名专家戴维·乔纳森(David H. Jonassen)的建构主义观点，知识和经验通常分为良构与劣构两种类型。良构型知识拥有标准答案，或已有的理论研究、工具方法优于人本身的经验。例如，技术标准、产品生产流程、成熟的方法论。劣构型知识没有标准答案或课题内容较为独特，缺乏系统的理论研究，"牛人"的经验价值更高。例如，与某类型大客户达成合作的经验、处理某个突发问题的经验等。

开展组织经验萃取工作，首先需要识别面临的问题适合应用良构型知识还是劣构型知识来解决，错误的判断往往会导致萃取项目效果不佳。

让我们来看一个真实的案例：

某企业经销集团拥有近千家4S门店，传统业务主要是汽车经销。由于近年来汽车市场面临较大挑战，该企业为了寻求发展，在这些4S门店推动业务转型，做汽车金融服务。为此，该企业在每一个门店成立汽车金融团队，负责向进店的消费者进行金融服务营销。

由于汽车金融团队成立时间不长，员工能力参差不齐，导致门店间的业绩差别较大。为此，企业领导找到培训部门，让其针对此现象开展培训，解决问题。培训部门基于现状做了分析，准备了产品信息介绍、市场宣传方法、客户面谈技巧、签约客诉处理4门课程，并开始进行全员轮训。

但培训班只开了两课就被叫停，原因是业务部门认为培训效果不佳，无法解决其面临的实际问题。于是，培训部门重新设计解决方案，新方案首先以客户为中心，重新梳理门店的六大场景，包括客户进店、客户寻看、客户询价、客户提出疑问、客户签约交易、客户离店。任何一家4S门店，消费者进来后都要经历同样的六大场景。基于六大场景，培训部门分析了上千家门店中表现最佳的门店及销售人员，对其营销经验进行萃取。萃取的内容均为如何与客户打招呼、如何将客户引进门店等较为实用的经验，并通过线上直播、师带徒等方式进行经验复制。经过几轮推进，近千家门店的效益平均提升了15%。

上述案例展现了通过组织经验萃取提升业绩的典型模式。在此案例中，第一阶段开展的培训之所以不成功，是因为组织者试图用良构型知识解决劣构型问题。比如，产品信息介绍、市场宣传方法等内容，均为良构型知识。但在实际工作中，销售人员面临的问题场景是：客户对A产品有3个异议，应该如何处理？客户进店后，应该怎么打招呼？这些问题均为劣构型问题，也就是并没有标准答案和理论基础的问题。

该项目的第二阶段之所以能成功，是因为开始运用劣构型知识解决劣构型问题，也就是让业绩较佳的销售人员分享经验。虽然这些经验并不系统，甚至不同销售人员分享的经验不一定有逻辑关系，但解决实际问题的效果更佳。

同样，企业也容易发生用劣构型知识去解决良构型问题的错误。例如，国内某知名互联网大厂曾经开展内部管理人员经验萃取与分享工作，但在实际应用中，效果不佳，就是因为管理问题，尤其是和人相关的管理问题，大多数情况下属于良构型问题，运用经典的管理方法论、管理工具来解决效果更佳。这是因为大多数管理情境的相似度较高，且人性同质化较强，更适合采用被验证过的管理方法。

很多时候，阻碍我们成功的并不是我们不知道，而是我们以为自己知道。

企业开展萃取工作，首先应明确，用良构型知识还是劣构型知识解决问题效果更好。选错了类型，容易事倍功半。

基于多年从业经验，笔者认为，组织中出现的与团队管理、战略管理、创新管理等相关的问题，比较适合通过借鉴成熟的良构型知识来解决；而对于本行业专业层面的问题，则比较适合通过萃取内部劣构型经验来解决。

第二节
如何推动经验萃取——萃取的4个阶段

了解组织经验萃取的底层逻辑之后，接下来，需要对组织经验萃取的阶段有所了解。结合"知识创造理论之父"野中郁次郎的观点，组织经验在组织中的应用通常会经历4个阶段。

第一阶段：社会化(socialization)，即隐性知识产生新的隐性知识的过程

第一阶段的经验大多是隐性经验，适合从个人到个人的传承，这是组织经验产生的第一阶段。大量的事件产生了一系列"牛人"和"牛招"，但"牛人"并不会系统表达"如何能把一件事做好"，他们觉得很多事情"可意会不可言传"。这时候，最好的做法就是让他们去做，让别人来看。典型的做法是"师带徒"，这种机制延续了上千年，学生通过观察学习并思考，师傅给予指导，帮学生成为合格的"匠人"。

在这个阶段，传播频次的重要性远大于传播质量的重要性。我们需要做的是搭建高频次、正式化的分享和传播机制，让"师带徒"成为一种有机制保证的活动。

第二阶段：外显化(externalization)，即隐性知识产生新的显性知识的过程

第二阶段的经验外显化，适合从个人到团队的传承，也就是把过去内隐的经验显性化，形成解决问题的可复制方法。例如，麦当劳的某位员工可能找到了"炸出口感最佳薯条"的感觉，后来形成的"炸20秒"的流程标准，就是经验的显性化。我们常提到的标准化，就是把硬性经验显性化的过程。

相较于第一阶段的"搭建机制，促成交流"，此阶段的重点是引入一些科学的方法和工具，帮助萃取对象将经验显性化，这也是很多企业开展"经验萃取工作坊"的原因所在。大多数业务专家解决问题的能力极强，但归因能力较弱，故而必须借助专业的指导，帮助他们提升经验的能见度。

外显化经验需要找到一个有生命力的载体，让其持续发挥价值。例如，SOP(standard operating procedure，标准作业程序)手册就是外显化经验发挥价值的有效载体。

第三阶段：组合化(combination)，即显性知识产生新的显性知识的过程

在第三阶段，通常将显性经验组合成解决某一类问题的系统化的知识，简单来说，就是将第二阶段的"点"连成一条"线"。例如，麦当劳将不同工作阶段的经验连接在一起，形成"整体开店+运营"的标准化流程。再如，阿里的"管理三板斧"、中粮的"企业五步组合论"，都是将从实践中得来的显性经验组合后形成的方法。

如果你的组织处于这个阶段，关键动作就是"建套路"，而不只是挖掘"抄作业"的经验。仅靠企业内部的力量很难完成系统的归因，这个阶段往往需要借助一些专业"外脑"的力量来完成归因工作。

第四阶段：内隐化(internalization)，即显性知识产生新的隐性知识的过程

在第四阶段，经验内隐化，完成从组织到个人的过程。在前三个阶段中逐步形成的工作理念和方法会潜移默化地影响一个人，使个人产生"不知道自己知道"的误解。

例如，很多大公司的员工离职之后换到新的环境，才发现自己掌握了很多其他人不具备的技能、不了解的方法，自己在原公司时并没有觉得这些技能、方法有多厉害，离开后才发现其价值。

这就是组织潜移默化地影响一个人能力的过程。在职场上，你会发现在某些公司工作过的人身上总会有一些独特的气质，例如，华为员工的执行力、联想员工的儒雅、方太员工的包容。这些气质，已经植入这些公司的员工身上，但员工自己并未在意。

在组织中推进经验萃取工作，应识别要解决的问题是什么，是要挖掘和提炼经验，还是要形成流程和方法？不同情况下，知识转化的方向是不同的。上述4个阶段的企业知识创造过程，特点不同，要求也不同，作为推动者，需要做的是判断组织处于哪个阶段，以及该如何去促进此阶段知识的转化。

方法篇

经验萃取与案例
开发流程及方法

第三章

企业经验萃取的准备工作

明确目标：萃取工作要解决的问题是什么

　　组织经验萃取的第一步，是明确要解决的问题。不少企业在刚开始进行经验萃取工作时，就推进建设案例库、构建案例体系这样宏大的工程，但往往会因为并不具备经验萃取的文化土壤而效果不佳。在开始阶段，首先要围绕"以解决问题为导向"的逻辑，强调萃取项目与业务问题的关联度。

　　所谓以解决问题为导向，就是要明确"经验萃取能解决的具体问题"，而且这个问题与企业经营、业务越相关越好，例如：

- 华为的经验收割体系解决了一线项目端的工作重复利用率高的问题。
- 浦发银行的案例开发解决了找到一线业务的关键动作的问题。
- 百丽的案例库聚焦于一线门店的导购如何回答客户问询的问题。

　　通常，组织经验萃取工作能帮助组织解决5类问题，即建立标准、人才培养、项目总结、绩效提升、文化传播。不同问题对应的萃取产出形式有所不同，具体内容如表3-1所示。

表3-1　组织经验萃取解决的5类问题

解决问题	应用方式	特点	形式
建立标准	标准化操作指南	标准化操作流程、关键问题处理诀窍	手册、案例集
	百问百答	一问、一事、一得	小案例册
人才培养	培训课程(线下)	案例式教学课程	课件
	微课(线上)	场景+知识点，解决具体问题	音、视频微课
项目总结	复盘报告	针对具体项目的复盘	案例+总结报告
绩效提升	岗位一招鲜	一问、一事、一得	图片、小案例等
	线上问题检索	基于问题解答的搜索	小微案例
	最佳实践分享	内部分享，强调干货	"牛人"讲述、PPT、工具包
文化传播	文化故事	故事性、画面感	案例故事、视频

1. 建立标准

初创期的团队或业务由于运营时间较短，缺乏标准的工作机制、操作流程等，需要通过萃取的方式挖掘有效经验，从而达到指导现实工作的目的。通常萃取的成果会以操作指南、百问百答等形式出现。例如，某汽车经销商在从汽车销售转型为金融营销的过程中，就通过萃取内部小案例形成了岗位指引手册。

2. 人才培养

HR或培训部门应用落地经验萃取和案例开发的高频场景，通过植入案例式教学的课程(线上或线下)，提升课程内容与真实工作场景的匹配度，让学习与工作无缝衔接，从而提升培训效果。例如，华为的训战结合就采用了大量的案例教学模式，一名学员进入一个训练营中，会完成数个真实案例的分析及决策，这些案例均来自一线。如果萃取的目的是助力人才培养，那么产出形式多以课程课件和音、视频等为主。这样的产出工作量相对较大，个人很难独立完成，需要外部力量介入。

3. 项目总结

以项目总结为目的的萃取通常是业务部门经常会采取的方式，通过案例复盘来回顾事件、总结经验，并形成下一步的工作计划。基于案例复盘的会议模式，相比传统的工作总结式会议，更能形成有效的决策和经验。例如，天和光能应用案例复盘的方式组织项目经理例会，不仅总结了经验，还沉淀了大批有效的项目案例。

4. 绩效提升

绩效提升是大批量经验萃取和复制能带来的结果，通常适用于某些大规模同质化岗位。例如，连锁行业的门店、金融行业的客户经理等。因为这些岗位工作场景相似度较高，通过萃取少数"牛人"经验进行复制，可快速达到提升业绩的目的。产出和应用的形式包括岗位一招鲜、小问题解答等。这些还原经验的形式较为简单，产出较为容易，利于一线伙伴的萃取产出。

5. 文化传播

这里的文化传播是指充分利用案例的故事属性，对内部故事进行文化诠释，让组织文化或理念更容易被记忆和传播。例如，阳光保险曾经把创始人的创业故事创作成案例视频，植入新员工培养、企业文化传播等工作中，取得了良好的效果。任何道理都不如故事流传度高，而最好的故事，往往来自身边人的经历。

第二节
确定场景： 组织案例落地的6个应用场景

企业明确需要解决的问题后，应针对要解决的问题明确萃取成果的应用场景，也就是在何种工作场景下推进萃取成果的传播与应用。缺乏应用场景的设计，就无法打造企业萃取流程的闭环，没有闭环，萃取工作难免沦为一场运动而不是一种长效机制。

例如，华为通过案例搜索平台推动案例的应用，建行通过网点负责人轮训引用萃取的案例，京东通过打造案例式课程推动案例在培训中的应用。不同的企业，在案例及经验应用方面的侧重点不同，但每一家企业都是在明确了应用场景后才开始推进案例落地及经验萃取工作。

在企业中，较为高频的应用场景包括如下几个。

1. 培训

在培训班中应用案例进行教学，在培训项目中植入萃取的环节，是较为容易的应用切入点。这几年，越来越多的企业致力于打造内部案例版权课。例如，vivo、华为、京东，都运用内部场景及案例打造了一系列优秀的内部版权课。

2. 会议

将案例萃取与复盘流程相结合，可助力会议效率的提升。例如，中国银行就有用案例开会的传统。真实的案例远比工作报告更能说明问题。

3.分享

打造内部标杆人物，让"牛人"与案例相结合，进行线上线下分享，也同样是很多连锁企业、金融企业的选择。这些企业具备岗位同质性强的特点，同一个岗位员工人数占据公司总人数的70%，这就让"牛人"的经验更具备可借鉴性。随着技术的发展，直播、录播变得越来越方便，也让分享可以随时随地发生。

4.检索

很多时候，组织萃取的案例并不一定能被员工第一时间看到和应用，但在员工遇到问题时，可以通过检索来找寻答案。例如，华为内部有专门的案例搜索平台，平台提供十几万个案例资源，员工遇到任何问题，都可以在其中搜索对自己有帮助的知识和经验。

5.数据分析

当案例资料形式一定规模，就成为一种数据载体，通过抓取高频词、寻找高频问题等，可以从众多案例中萃取共性，提炼有价值的信息。例如，A银行曾经针对理财经理这一岗位，从客户脸谱、交互行为、场景等几个维度对数百份案例进行分析，最后总结出12种客户营销的关键行为。该银行将这一成果应用到实际工作中，可助力业务的提升和改进。

6.其他

线上平台推送、班组会议分享、手册和公众号传播等，也是案例应用的常见载体和模式。

第三节
获取资源：获取领导和业务部门支持的3个关键

开展组织经验萃取的第三项准备工作，是获得相应的资源支持。很多时候，当你找到业务部门谈及组织经验萃取工作，他们大多数会表示认可，但当你真正要推进经验萃取工作落地时，却往往得不到真正的支持。对企业来说，萃取内部案例和经验是十分有价值的，但一种好方法未必能成就一个好项目，理念再好，也需要有能落地的推动方式。企业在推动"案例开发及经验萃取"项目落地时，通常可采取以下策略。

1.下策：做运动

做运动，即执行人拿着大领导给的"尚方宝剑"，轰轰烈烈做一场"运动"，这是职能部门在推动某个项目落地时经常采取的方式。这种方式有其好处，比如产出快、短期内成效显著，但它之所以被称为下策，是因为可持续性差，且副作用过大。

一场"运动"，换来的可能是业务部门的怨声载道和一线员工的敷衍了事。日后当你手里没有"尚方宝剑"时，再次推动类似的项目就会变得异常艰难。采用这种方式，往往使做项目本身成了目标，而忽略了要开展这项工作的本质。

效果等于有价值的行为除以行为的代价。做"运动"是有价值的行为，但往往代价过高，可能导致"狼来了"的效果，使工作的开展变得不可持续。

2. 中策：做合作

做合作，是指与利益相关部门找到一个共同的利益点，用"与他相关"的语言表达合作能给其带来的好处，而不是强迫其接受"案例开发与经验萃取"这个专业概念。

例如，某银行培训部门通过将案例植入例会，加强案例资源的流动，从而促成业务效能的提升。在这个过程中，业务部门接受的是"提升例会效率"的概念，而不是"案例开发与经验萃取"的概念。但正是通过开展这样一个项目，促使其他业务部门纷纷主动找上门，推动类似的项目在本部门落地。

不做"运动"，而是在业务部门关注的领域找到应用场景进行植入，弱化专业名称，以"提升销售效率""改进会议效率"等名称来开展项目，意味着你找到了业务部门的频道，你们达成了合作。

3. 上策：做闭环

做闭环，是指通过打造案例及经验流动场景，来推动项目的自运转。

例如，在华为，每个员工都要提交案例上传到内网，同时也可以看到其他同事提交的案例。内网专门设置案例搜索框，通过搜索，你可以看到其他人分享的经验，好经验还会被员工置顶和点赞。通过这种方式，员工把学习和借鉴案例变成一种工作习惯，也就不需要相关部门特意通过活动去推动。这就像同事之间聊天，聊天具有交流信息和增进沟通的功能，但无须把它做成一个项目，因为这件事对大家来说是刚需，他们会自发去做。

所以，找到人们对经验真正刚需的场景，让案例分享成为一个有价值、不可缺少的环节，有助于组织内部的智慧自发流动起来。

学习是反人性的，但在遇到问题时，人们的学习欲望会迅速增强，而这个场景，就是你植入案例开发与经验萃取的最佳时机。

一个好的方法要想在组织中有生命力，必须让其自发地成长。当然，不同企业所处的发展阶段不同，有时候需遵循"乱世用重典"的原则，有时候则需要"不治已病治未病"，切忌企业发展阶段与项目落地方法不匹配，否则水土不服，只能导致一地鸡毛的结果。

定主题——明确萃取主题

企业准备就绪，就要进入运用萃取方法来开展相关工作的阶段。笔者结合自身的经验，提炼出组织经验萃取的四步法：定主题、做案例、萃经验、建模型。本章阐述如何定主题，也就是要明确究竟萃取哪些与主题相关的案例及经验。在此阶段，需要做好以下几项工作。

第一节

选题：选好萃取主题的3个关键

对于一家企业来说，哪些经验值得萃取？萃取的起点应为企业实际经营过程中的痛点问题，通常有以下3个标准作为参考。

1. 高频性问题

高频性问题也就是大概率、高频率发生的问题。多数企业存在"大规模同质化的岗位"，例如，连锁行业的店长、金融行业的销售，岗位人数所占企业总人数比例往往超过50%。这些岗位员工每天从事的工作、面对的情况相似度较高，如果从其中某些员工身上萃取有价值的案例和经验，可在更大范围内进行复制，带来的价值也更高。例如，某银行信用卡团队选取30名绩优销售，萃取他们"如何开发新客户"的经验并复制运用到其他同岗位员工身上，最终实现了业绩的整体提升。

2. 典型性问题

典型性问题是指那些只存在于本企业或本行业的典型问题，对于此类问题，无法从外界获取解决方案，所以需要在内部进行经验挖掘和传承。例如，对共享单车企业来说，要解决如何在某个区域进行车辆布局的问题，就很难从外部寻求到答案或方法，甚至从未有企业做过类似的事情，这时就必须保证快速沉淀组织案例，让这种经验成为组织能力。这种情况通常出现在那些新兴领域的企业中。

3. 重要性问题

重要性问题是指那些很少发生，但是发生后就会产生重大影响的事件或问题。例如航空事故，也许几十年都不会发生，但发生一次就必须记录和复盘。还有很多企业会发生的并购、组织变革、重大市场营销事件等，都值得记录和传承。例如，华润就曾经将其下属公司三九药业的999感冒灵赞助《爸爸去哪儿》第一季的事件开发成案例，这个事件已经发生了近10年，但每次打开看还能有新的启发。这也是案例的魅力和价值所在，它会随着时间的推移而变得愈发珍贵，给人带来更多的感悟。

第二节
选人：选择开发者的2个维度

明确主题后，需要选择相应的专家来开展萃取工作。在每个主题下，是不是更权威的专家更适合成为萃取对象？笔者认为并不尽然，在选取萃取对象时，需要考虑2个关键要素。

1. 意愿度

对于萃取项目而言，参与人群的意愿度高往往是保证项目成功的基础。笔者曾见过不少企业将一群顶尖业务"牛人"召集在一起开展经验萃取工作，但产出的结果很不理想。这是因为这些"牛人"都是带着完成工作的想法来的，缺乏动力。因此，挑选萃取人群时，应挑选有分享意愿、有学习欲望的伙伴。组织方可以首先通过内部招募的方式进行筛选，从报名人群中进一步聚焦业绩较优人群。

2. 业绩贡献度

一方面，适合萃取的对象并不一定是本岗位最顶尖的人才，因为越是顶尖人才，往往越具备无法复制的天赋或特点。以销售人员为例，他们可能天生具有表达能力、亲和力，但这些特点无法复制。另一方面，越是某一个行业顶尖的专家，越难以用普通人能听懂的语言进行表达，从而造成沟通信息鸿沟，这种现象也被称为"知识的诅咒"。

基于笔者的经验，对于某个岗位，处于80~85分位的人群较适合作为萃取对象，因为他们大多与其他人在天赋上差别不大，都是通过有效的行为和自我的努力达到较为不错的绩效水平，其成长路径和关键行为往往更具备可复制性。

萃取的目标是迁移经验，评判的标准不应为"最优"，而是"最适合复制"。

第三节
筛选：案例筛选的5个标准

在企业开展经验萃取项目时，往往面临如何进行筛选、评分的问题。对于萃取的案例，个人标准不同，给出的评价也不同。同样一个案例，A评委可能将其评价为高分内容，但B评委却将其评价为低分内容。

为了尽量避免(不可能完全避免)主观因素带来的评分偏差过大，一般我们建议依据如下5项标准进行案例评价。

1. 业务支撑度

业务支撑度是指案例是否聚焦企业战略发展方向或业务关键指标，是否主题明确，是否时效性强，是否紧密围绕业务发展过程中的重点和难点问题。萃取的目的是挖掘和传播最佳实践经验，而最终的目标是助力企业业务效率的提升，所以案例本身和战略及关键目标的关联度是评价的第一标准。通常来说，本部分的得分就是选题的得分，选题有效，能弥补文本本身的不足；如果选题不佳，文本内容再好也很难得到高分。例如，如何经营好企业食堂的案例写得再好，也不如一个简单的新产品研发案例来得更有价值。

2. 经验可推广性

经验可推广性是指案例是否具有较强的适用性和较高的示范推广价值，是否能在行业、企业范围或某个区域范围内推广应用，是否有助于提升业务管理水平或经济效益。一个偶然的成功事件，带来的价值再高，都无法再次应用，那么推广性就不强。

一个案例或一份经验的价值，除了取决于其内容本身，还取决于可被复制的频次。再小的案例，被复制的频次足够高，就能带来更大的价值。例如，手机门店销售人员的一句话术，可能一天内被复制几万次，足以证明这句话的可推广性较强。

简单地说，老张的经验，老王也能用，才是好案例。

3. 创新性

创新性是指案例是否突破传统思维和模式，创新思路是否清晰，是否提出了新理念、新观点、新做法、新模式。简单来说，就是评判一个案例所产生的价值究竟是从0到1，从1到100，还是从100到N。具体哪一种评分更高，这需要根据企业的发展周期来决定。一家处于快速发展期的企业，可能需要更多的"从0到1"；而处于稳定期的企业，则需要更多的"从100到N"。

4. 案例内容及结构完整性

这个维度主要评价案例结构是否完整，主题是否明确，事件背景、问题、实施过程及结果等内容是否完整、流畅，也就是评价案例的制作。

这部分的评分占比可适当减小，因为评价一个案例的好坏，重要的是能否以最低成本找到目标人群还原案例的方式，而不是制作案例的人是否具备更好的文笔。

5. 经验提炼高度

能够精准找到解决案例问题的关键点，能够将解决方案总结提炼成方法论或工具，结构性比较好，具有较强的逻辑关系、系统性、实操性，便于记忆，能够帮助业务伙伴解决某一类问题。满足上述条件的案例，可以得到高分(8～10分)。

能够分析出解决部分案例问题的关键点，能够将经验进行简单的提炼包装，包含行为层面的经验，有一定的逻辑关系，系统性、实操性一般，能够帮助业务伙伴找到解决某一类问题的部分关键点。满足上述条件的案例通常可获得中等分数(6～8分)。

未找到解决案例问题的关键点，总结经验提炼度不高，案例中充斥着正确的废话，且缺乏逻辑性和系统性，大部分内容都是理念或口号。这样的案例得分会偏低(6分以下)。

第四节
拆解：把大问题拆解为小问题

很多企业在开展经验萃取工作时，会陷入这样一个误区：只要主题明确并选用合适的专家，有效经验就可以顺理成章地产出。但在现实中，满足以上两点要求时，也往往会出现萃取无效经验的情况。

王总是一家电器营销公司的总经理。该公司拥有1000名销售人员，董事长希望提升整体业绩，于是组织了10名优秀销售向全体销售分享成功经验。

　　要想对一个主题进行经验萃取，首先应把复杂问题转化为简单问题，也就是对复杂问题进行拆解。例如，"如何提升业绩"是复杂问题，拆解到"如何提升客户进厅堂的引导效率"就是一个相对简单的问题。简单问题更容易回答，也更容易产出有效经验，如果我们能发现哪些简单问题是解决复杂问题的关键杠杆，则可以洞察解决该问题的精髓。

　　在《超预测》这本书中，有这样一个有趣的问题："你认为芝加哥这座城市里有多少位钢琴调音师？"笔者在课堂上曾多次提出此问题，学员给出的答案为5000～10 000位。

　　在回答这个问题时，我们可以把大问题拆解成6个小问题：芝加哥有多少人口？芝加哥有多少个家庭？拥有钢琴的家庭比例是多少？一架钢琴一年需要调几次音？一位调音师一天可以调几架钢琴？他们一年工作多少天？综合上述6个小问题的答案，我们能推测出一个新的数字，这个数字会更加接近正确答案"85位调音师"。

　　萃取成功的前提，在于问对了问题；而对的问题，往往是将大问题拆解为小问题的结果。在萃取开展前，可以通过主题拆解树将大问题拆解为小问题，如图4-1所示。

图4-1　萃取主题拆解树

拆解问题后，接下来要做的是找到解决大问题的杠杆问题，如图4-2所示。

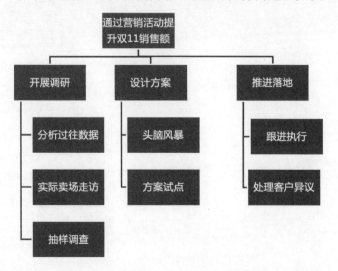

图4-2　某企业"通过营销活动提升双11销售额"主题拆解

在图4-2中，将问题拆解2层后，共拆解出7个微问题。仔细分析就会发现，其中的分析过往数据、头脑风暴均为常规动作，与其他类似项目的推进过程并无太大差别。也就是说，造就此事件成功的关键不在这几个环节之中。此时我们就要明确，究竟哪些环节是撬动整个事件成功的关键杠杆？哪些行为明显区别于其他事件？

经过分析，我们找到了此事件中的3个关键杠杆行为，即实际卖场走访、方案试点、处理客户异议，由此明确需要萃取的有效主题：

- 如何提升实际卖场走访的效率？
- 如何推动方案试点？
- 如何处理客户异议？

相比如何提升销售额，显然这3个问题更容易回答，也更容易产出有价值的内容。

第五章

做案例——通过案例
还原经验情境

主题聚焦后，并不会直接产出经验，要通过还原经验情境(案例)的方式来验证经验的有效性，因为任何脱离真实情境的经验都有可能是"伪经验"。例如，一个人和你侃侃而谈如何创业，但他说不出自己的任何创业经历，那多半此人分享的内容价值不高。还原经验情境的载体，通常为案例。

案例能够记录和还原一个真实的情境，能为观看者带来启发或思考的机会。对于企业来说，可以还原真实情境的载体均可称为案例，常用的形式包括PPT、文字、图片、语音等。对于不同岗位，在不同场景下，需要选择合适的案例形式进行开发。例如，一个完整的重大项目，较适合用文字方式进行还原；而关于岗位操作绝招的说明，则更适合用图片展示。

第一节
案例萃取的原则

适合开发的案例应为作者亲身经历的事件或项目，也就是说，案例一定是真实存在的，而不是开发者杜撰而成的。

那么，选取什么样的案例进行开发？通常应遵循以下3项原则。

1. 价值性

价值性是指案例能给他人带来价值。在此需要强调的是给"他人"带来价值，而不是自己。好案例应该讲"别人关注的事"，而不是"感动自己的事"，也就是你亲身经历并能引发目标受众兴趣和关注的事件。我曾经见过一位职场妈妈在一场培训中分享自己如何在哺乳期带娃、如何平衡生活和工作的案例。她在分享过程中几度哽咽，但现场效果一般，很多人听着听着就玩起了手机。原因就在于现场听众大多数是应届毕业生，而且理工专业的男生较多，很难对她分享的案例产生共情。这是我们在开发案例过程中常见的错误——只求感动自己。大多数人对自己经历过的事情会有很深的感触，很愿意把这种感触分享出来，但案例的价值在于"给别人看"，如果他人无法在你的案例中捕捉到和自己的旧知有关联的地方，就无法"进入"你的案例情境。

2. 时效性

这里的时效性是指发生时间较短、符合当下业务环境的事件。例如，疫情背景下的业务开拓、冰墩墩主题产品设计等。这些事件的时效性强、共鸣感强，比较适合作为案例事件进行挖掘。

对于营销类、技术类岗位来说，越是近期发生的事件，越具有挖掘的价值。因为此类岗位的时效性要求较高，环境、技术变化较快，很可能半年前发生的事件已经不适合当下的环境，所以必须挖掘"新鲜出炉"的事件作为案例。

3. 创新性

这里的创新性是指具有创新意义的事件。需要指出的是，创新性事件不一定是重大的产品创新、模式创新，在日常经营中，任何能带来价值的创新点均可以作为案例。例如，网络上引起热议的超市大妈总结的《文字作息表》等，这样的小事件有时候反而更具创新价值。

在企业中，还有一种常见的创新事件可萃取为案例，就是在企业推广某个新业务或新产品时，往往会形成在一段时间内，部分区域、部门或个人绩效表现较好，而其他区域、部门或个人绩效表现平平的情况。在这种情况下，标杆推广创新性业务的经验就更值得萃取。

案例萃取的步骤与应用

1. 案例萃取的步骤

明确案例的受众及价值后，即可进入案例开发阶段，该阶段通常包括以下3个步骤。

第一步：设计案例结构——"案例微笑曲线"

设计案例结构是指为案例搭建框架内容结构，可以理解为为案例设计"大纲"。很多案例萃取工作者会从网络下载不同的案例模板，并让相应的人员进行填写。此方法效果往往不佳，原因在于萃取对象过早陷入填写模板的细节中，而缺乏对事件整体脉络的思考。在开发任何案例之前，都需要萃取对象明确案例结构，而不是过早开始细节写作。运用"案例微笑曲线"，可以较好地为案例搭建框架结构，通过视觉化的方式展示事件发展的脉络。

在进行案例萃取时，可以通过"案例微笑曲线"进行案例框架还原。相比通用的案例模板，"案例微笑曲线"可以将案例进行视觉化呈现。通过图画的方式还原一个案例，这相当于我们为案例设计大纲或目录，而不是进入填写细节的过程。

1) 真实情境的组成

一个真实的情境包含4个部分，即背景信息、冲突、行动、结果，如图5-1所示。

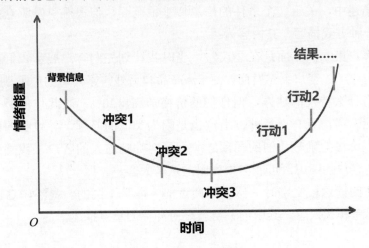

图5-1　案例微笑曲线

(1) 背景信息。案例背景是指这个案例是在什么情况下发生的，具体包括事件起因、时间、导火索、客户情况等。介绍背景信息，目的是让学习案例的人了解案例基本情况。

(2) 冲突。案例冲突是指在真实情境中遇到的困难、挑战、难以抉择的问题。在"案例微笑曲线"中，冲突的内容占据比例较大，这是因为案例的关键因素是冲突，这也是案例区别于工作总结、报告等其他总结形式的核心内容。

例如，还原一个营销案例，客户的拒绝、竞争对手的介入等均可定义为冲突。在文化案例中，企业在最困难的时候遇到的问题叫冲突。再如，还原一个技术案例，可能遇到的技术难题叫冲突。案例的核心是还原冲突，这个概念看上去很简单，但在实际应用的时候，往往很多伙伴更愿意去写结果和成绩，事实上，真正吸引人的部分是冲突。

(3) 行动。行动是指为了解决冲突所采取的具体的行动措施。例如，为了解决客户拒绝的冲突，采取重新制定方案、开发客户关键人等行动。

(4) 结果。结果是指案例情境最终取得的结果。在此部分，应以事实或量化的数据为主，来展示真实的成绩。

2) 设计"案例微笑曲线"的注意事项

(1) 冲突是案例的核心。案例和工作总结、报告、小故事等的最大区别，就在于对冲突的还原。大多数情况下，案例阅读者对于案例冲突的共鸣是决定案例质量的关键，缺乏冲突的内容还原，是不合格的案例。

例如，还原一个拜访客户的案例，如果简单描述，其内容为：

"我和客户约定第二次见面，向客户推销产品。客户提了很多难以回答的问题，我当时就劝自己要保持镇定，不厌其烦地为其讲解，最终成功打动了客户。"

在这个描述中，关于一个事件的信息似乎很全面，但很难引发听众的代入感和共鸣。不妨换一种方式描写，其内容为：

"我和客户第二次见面是在会议室，当时我计划先向客户展示我们准备的产品方案，可展示到一半，客户突然发问'这个A产品和另外一家公司的产品很像，我没看出你们的产品有什么特别的地方，但你们的价格却高出20%，对此你们怎么解释'。面对客户的突然发问，我有点意外，上次也是因为类似的问题，导致我的同事被客户质问并且丢单。价格的确是我们的弱项之一，面对咄咄逼人的客户，我感到很焦虑，如果我不能打消客户的疑虑，可能会损失眼前这个大客户。"

相信你在阅读这段文字时的感受和阅读前一段是不同的。显然，这部分文字更能引发读者的思考和代入感，其中的关键就是对冲突的重点描述。

每次开展经验萃取工作时，笔者都会在课堂上播放视频案例《华为人》。这个案例主要讲述了华为的4名员工如何攻坚克难，最终在自己的岗位上取得成功。一次为某企业海外业务团队上课时，不少员工在看完这个视频后哽咽了。请问大家，他们哽咽的原因是什么？

大多数人会回答，因为他们与案例主人公有相同的遭遇，而这种遭遇和取得的成绩无关。他们不会为华为在海外的成功而感动，他们是因为"这样的困境我也遇到过"而哽咽。

这就是案例吸引人的地方——冲突。一个案例中，更容易引发阅读者共鸣的就是在事件发展过程中遇到的各种问题。它可能是一个两难的抉择，可能是一个突发的困难，总之，它是打破平静的那件事情。在我们的人性中，总是希望别人和自己一样遇到各种苦难。但在现实中，人们更愿意写下自己的成就和结果，而对冲突轻描淡写。这是舍本逐末的做法。

(2) "案例微笑曲线"并非一成不变。在实际操作中，因为事件的内容不同、冲突点不同等，"案例微笑曲线"并非一定要按照模板还原，可以根据实际的事件发展脉络进行调整。如图5-2所示，在这个小微"案例微笑曲线"中，包含一个事件背景(一事)、一个冲突(一问)以及心得思考(一得)。此种案例通常用于线上传播或小范围的分享交流，聚焦小主题，通过图片、表格、少量文字的方式进行还原。

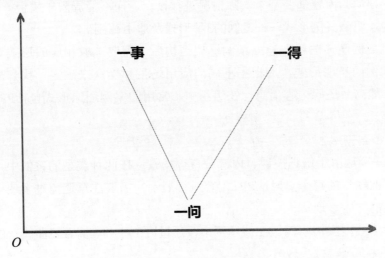

图5-2　小微"案例微笑曲线"

如图5-3所示，这个大型"案例微笑曲线"是对大型案例的还原。此事件涉及多任务、多场景，需要通过多条微笑曲线进行呈现。此种案例通常用于课程开发或重大项目复盘，较为常见的形式是"访谈+资料分析"，开发周期较长。

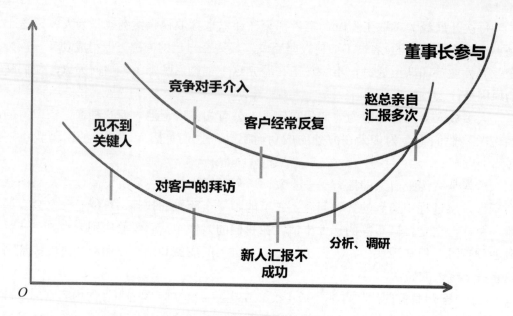

图5-3　大型"案例微笑曲线"

"案例微笑曲线"是帮助开发者快速建立案例框架结构，避免过早陷入细节写作的有效工具。在实际应用过程中，应根据事件的实际情况进行调整，事件的走势、冲突的数量、行动的内容都要基于实际情况进行设计，而不能局限于模板。

第二步：明确案例形式——案例的3种形式及适用范围

通过"案例微笑曲线"建立案例框架结构后，需要选取相应的形式对案例进行开发还原。案例的呈现形式，应根据不同的应用场景和受众来确定，找到最佳的案例还原方式，才能高效还原内容信息。在组织中，常用的案例还原形式包括PPT、文字、图片、表格等。

1) PPT型案例

PPT型案例适用于培训授课、内部分享等场景。在此种类型的案例中，分享者可将"案例微笑曲线"的每个点对应PPT内容进行展示，需要注意避免过多使用文字，尽量用图文并茂的方式呈现。

图5-4为PPT型案例示例。在该示例中，通过PPT对"案例微笑曲线"的冲突场景进行还原，图文并茂，效果较好。

2) 文字型案例

文字型案例主要用于制作案例集、制作岗位秘籍手册、上传平台做参考资料、内部讨论等场景。观看者通过阅读的方式来接收案例信息。这种形式适用于管理类、项目类、销售类等案例的还原。此类型案例通常具有一条完整的事件发展脉络，所以应尽量还原案例的详细内容，以便阅读者了解相关细节。在本书的资料篇部分，我们将提供一篇完整的文字型案例，可供读者参考学习。

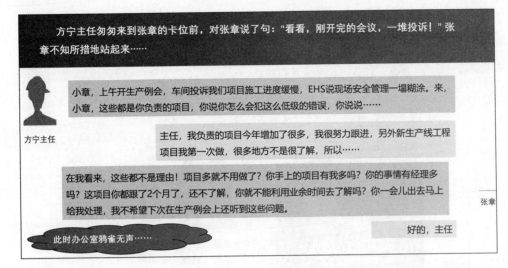

图5-4 PPT型案例示例

3) 图片、表格型案例

图片、表格的呈现方式较适用于岗位型案例。这种形式的特点是承载信息内容少，通常用于还原单一场景、单一信息。例如，某个部件的维修、某项设计的改造等，还原难度较低，使用图片、表格来呈现比较直观，便于一线经验的萃取。如图5-5所示为某制造业企业技术类案例示例，通过"表格+图片"，清晰地展示了问题解决的步骤和过程。

1. 背景	2. 冲突	3. 冲突分析
为降低杀菌机出口倒瓶率，调整过渡板的平整度和宽度(增加40mm)，但倒瓶问题仍然存在，为达到目标值，应如何改进	1. 调整过渡板的平整度。 2. 增加过渡板的宽度(增加40mm)。 3. 调整护栏的垂直度	原理分析： 1. 过渡板不平整。 2. 杀菌机进口速度、挤压力和过渡板宽度及杀菌机速度等不匹配。 原因分析： 1. 瓶子在输送带上受到拉力 F_2、护栏对瓶子的反作用力 F_1、与输送带反方向的摩擦力 f 的共同作用，当输送带的压力加大，势必会增大进瓶压力 F，引起挤压，造成爆瓶及倒瓶。 2. 瓶子从链道移至杀菌机链网的过程中，共产生3个速度。 V_1: 输瓶链的速度；V_2: 过渡过程的速度；V_3: 杀菌机链网速度。正常情况下，$V_1 > V_2 > V_3$。如果级差太大，就会因产生撞击或推力而倒瓶。所以说，速度差越小，越不容易倒瓶，但要能克服过渡板的摩擦力。
4. 正解	1. 通过增加变频器的方式来减小进瓶挤压力，对应的输送带速度为29HZ较为合理。 2. 过渡板宽度为190mm+80mm，过渡板上点焊0.3mm的锰钢板，将过渡板加长40mm，整体杀菌机的运行平稳性增强，杀菌机出口倒瓶率明显降低。 3. 在杀菌机各个通道内两侧增加10号槽钢，缩小杀菌机总面积后，运行能力为45000瓶/小时，既能满足生产需求，又增加了杀菌机的填充量，降低了杀菌机倒瓶率	
5. 举例	例1: 杀菌机进瓶输送带的运行速度过快，V 大于13m/s，挤压力过大，瓶子受挤压，出现倒瓶情况。 设备改进: 通过增加变频器的方式来减小进瓶挤压力，对应的输送带速度调整为29HZ较为合理。 例2: 根据杀菌能力计算公式，目前杀菌机运行能力为49000瓶/小时，杀菌能力较强，导致杀菌机内部瓶子填充量不足，易产生倒瓶。 设备改进: 在杀菌机各个通道内两侧增加10号槽钢，缩小杀菌机总面积后，运行能力为45000瓶/小时，既能满足生产需求，又能增加杀菌机的填充量，降低了杀菌机倒瓶率。 例3: 过渡板偏短，链网与过渡板之间运行不够稳定，容易倒瓶。 设备改进: 过渡板宽度为190min+80mm，过渡板上点焊0.3mm的锰钢板，将过渡板加长40mm，杀菌机运行平稳性整体增强，杀菌机出口倒瓶率明显降低	

图5-5 某制造业企业技术类案例示例

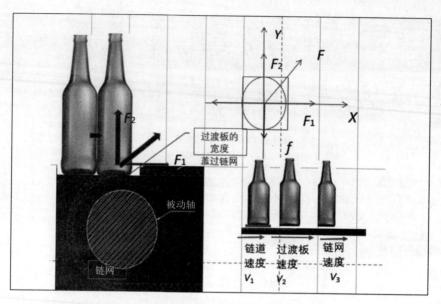

图5-5 某制造业企业技术类案例示例(续)

第三步：还原案例内容

明确案例框架和内容后，需要根据案例形式完成案例内容还原工作，在此我们重点介绍文字和PPT型案例，这两类案例可按如下比例进行内容分配。

- 5%~10%的背景信息。
- 50%的冲突挑战(很多教学案例甚至只需呈现冲突挑战)。
- 30%的行动(也就是为解决冲突而采取的行动)。
- 10%的结果。

1) 背景还原

背景还原的内容包含但不限于如下几个方面。

- 项目背景信息，包括该项目的成立原因、当年的战略背景、市场环境等内容。
- 客户背景信息，包括该案例当年的客户名称、类型或行业、规模、组织架构、合作历史等。如可能，应放置一些图示、照片。
- 人物介绍，主要介绍案例中出现的人物。

需要注意的是，案例背景信息只是辅助他人了解案例的基础，并非主体，需要避免过于冗长的内容交代。通常情况下，背景信息占据案例整体篇幅的5%~10%即可。

此外，作者也可在背景还原部分为案例设定一个主人公，以增强读者的代入感。主人公通常依据阅读对象来设定，如果案例的阅读对象为银行客户经理，主人公可以设定为某个支行的客户经理小王(类似名称)。这样做的原因是，人们更容易对和自己岗位相似的人的遭遇感同身受。

2) 案例冲突

尽量通过客观的对话、举例、图片等形式还原真实情况，而不是通过主观描述的方式。例如，图5-6是从某PPT型案例中截取的内容，主要是案例冲突的还原。通过对话，能够让读者对信息进行判断，从而引发读者的思考和共鸣，而不是简单地通过主观描述来展示冲突。在每个案例中，通常包含1～3个较为关键的冲突点。

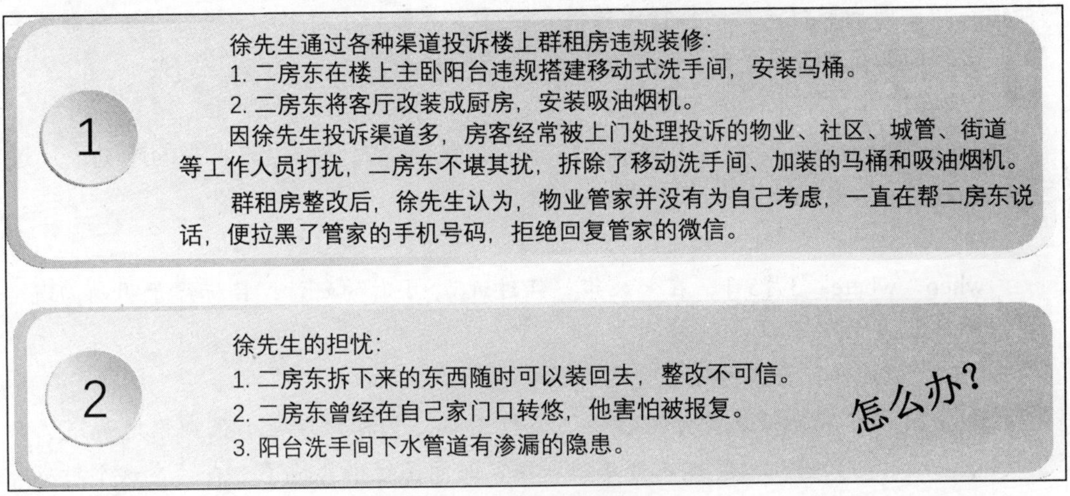

图5-6　案例冲突示例

3) 案例行动

在还原案例行动时，需要明确两个关键点。第一，尽量还原关键行动而不是所有细节。在解决冲突的行动中，往往存在最为关键的行动。例如，对于客户拒绝的冲突，行动的关键可能在于二次拜访或重新制定方案，可将重点行动分2～3个段落进行描写，其他过渡内容尽量不过多交代，避免还原所有内容导致缺乏重点的情况发生。第二，如果撰写文字案例，每一个关键行动部分应详细描述，至少包含5个方面的信息，简称为4W1H。

- when：时间
- where：地点
- who：主人公、参与者
- what：发生了什么事情
- how：如何解决

通过4W1H，可以更加结构化地呈现案例内容。

例如以下案例描写：

> 目标确定后，需要马上执行。但是在执行过程中才发现，要想营销该部分资金，困难重重。目前时间紧迫，很快就有3个项目的超过3亿元保证金要存入银行，如何在短时间内取得政府的信任是关键。对于大笔保证金存款，B银行也跟得非常紧，必须有新思路来破解这个难题。

上面这部分内容，缺乏对关键细节内容的描述，给人一种记流水账的感觉。通过运用4W1H，可以更加结构化地呈现有效信息。

> when、where：3月5日，在××市，经过近3个小时的研讨，目标终于明确，现在需要马上执行。
>
> who：但是冯行长和团队又面临新的问题。
>
> what："目前这部分资金的营销还比较困难，"客户经理小张惆怅地说道，"现在还没有和关键人最终建立真正的联系，时间已经很紧迫了，我怕在这个敏感时期见不到关键人啊。"
>
> 面对不断出现的新困难，作为这个团队的主心骨，冯行长虽然心里也没有底，但还是不断给大家打气。
>
> how：他让自己冷静一下，重新梳理营销思路。在营销该部分存款过程中，具有决策权的是当地政府，城市更新保证金存款存入哪个银行的决策权在当地政府负责人手里，尤其是街道办分管领导和城市更新办，而且最终账户的开立还需要街道办党委会议审议通过。
>
> 但是当地B银行已经与政府建立了深入的合作关系。目前时间紧迫，很快就有3个项目的超过3亿元保证金要存入银行，如何在短时间内取得政府的信任是关键。工作人员之前多次拜访街道办主要领导和城市更新办等部门负责人都吃了闭门羹，依靠传统的关系营销，无法在短时间内取得相关领导的一致信任。对于大笔保证金存款，农村商业银行也跟得非常紧，必须有新思路来破解这个难题。

在PPT案例中，可以运用图片等形式展示相关内容，让观看者一目了然。例如，在图5-7中，展示了某营销场景下客户与营销人员的对话。通过运用对话的图片展现内容，让对话的过程更加清晰，阅读观感更佳。

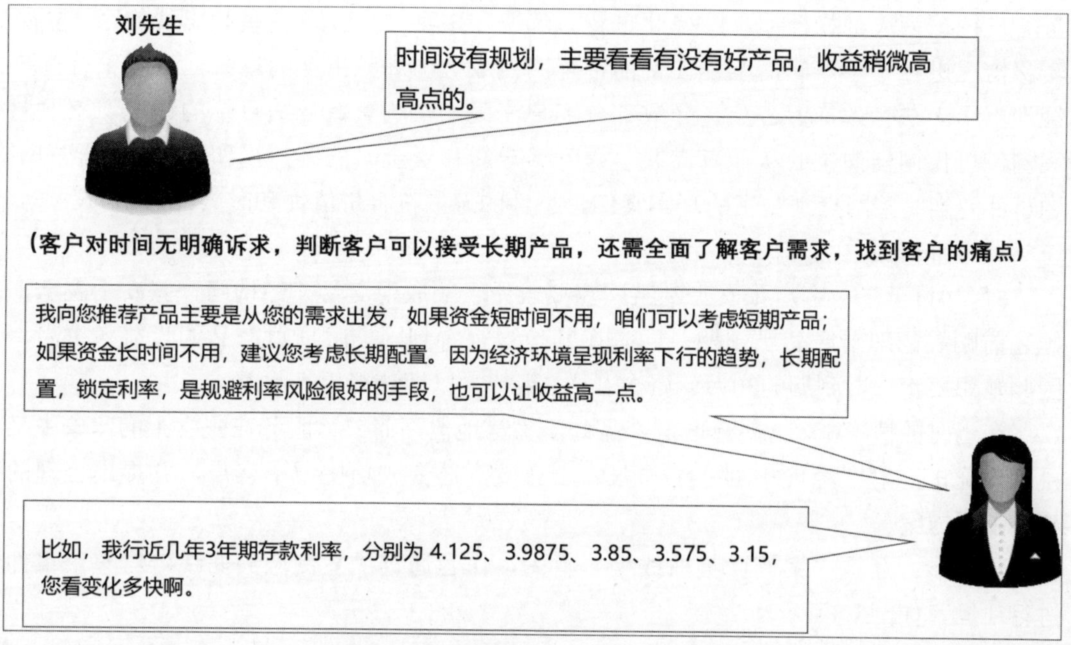

刘先生

时间没有规划，主要看看有没有好产品，收益稍微高高点的。

（客户对时间无明确诉求，判断客户可以接受长期产品，还需全面了解客户需求，找到客户的痛点）

我向您推荐产品主要是从您的需求出发，如果资金短时间不用，咱们可以考虑短期产品；如果资金长时间不用，建议您考虑长期配置。因为经济环境呈现利率下行的趋势，长期配置，锁定利率，是规避利率风险很好的手段，也可以让收益高一点。

比如，我行近几年3年期存款利率，分别为 4.125、3.9875、3.85、3.575、3.15，您看变化多快啊。

图5-7　某营销案例部分内容示例(对话)

4) 案例结果

案例结果是指案例情境最终取得的结果。在此部分，尽量以事实或量化的数据展示为主，来反映真实的成绩。例如，案例内容为某次营销活动取得了佳绩，在结果部分可以呈现业绩增长率、开发的客户数量等业绩数据。

> 经过沟通，李女士在我行办理如下业务：300万元净值型理财产品；100万元10年期趸交保险；100万元定期存款；20万元期交保险/(5年)。
>
> 李女士被提升为我行私行级客户。通过1年的努力，我网点私行客户新增6个，实现零的突破，荣升支行私行客户增长率第1名。2021年旺季营销期间，我网点4次荣登分行"兴建旺行"首季综合金融服务活动竞赛榜单，期间共营销趸交保险424万元，期交保险65万元。个人客户经理考核评价排名29名，综合评定为四星级客户经理。

2. 案例分析

A银行零售业务案例：《拿什么挽留你，我的客户——客户挽留技巧》

接下来，我们将通过一个完整的案例开发过程来回顾前文提到的案例萃取方法。

1) 案例开发背景简介

此案例为A银行零售业务条线经验萃取的实践案例。本次经验萃取围绕"零售业务绩效提升"的主题开展。通过分析发现，在零售业务绩效提升中，增量客户开发、存量客户挖掘为关键杠杆项。围绕此主题，选取在银行网点业务中高频出现的客户资金转移情况进行萃取。此情况是在目前银行网点业务中高频出现的场景，很多银行客户经理由于无法有效挽留客户，导致部分客户流失，影响整体业绩目标的达成。萃取此案例，可供同样岗位的从业者借鉴，提升客户转移资金时的客户挽留效率，选取的主题事件为当时某网点刚发生的真实案例，事件的选取符合价值性和时效性原则。

2) 事件概要

6月30日下午，客户张女士到某网点要求做大额取现交易。经询问，张女士表示，她之前购买的理财产品已到期，同时在其他银行看到同期限理财产品的收益率更高，因此她想要将理财到期的30万元资金存入B银行，以期获得更高收益。

在当时的情况下，A银行理财产品处于劣势地位，而银行服务在张女士的印象中又是同质化的。理财经理小刘通过与张女士有效沟通，成功挽留了客户，并提出合理的资产配置方案。

第一步：还原"案例微笑曲线"。首先，作者通过"案例微笑曲线"对整个事件进行还原，如图5-8所示。

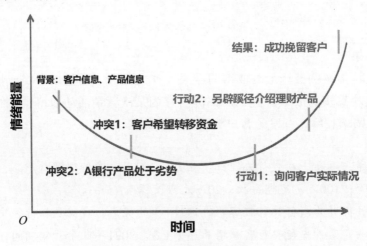

图5-8　分析"案例微笑曲线"

通过"案例微笑曲线"，将案例发展脉络上的相关信息进行还原，让案例全貌一目了然，便于后续进行案例撰写。

第二步：选取案例形式。理财经理的工作有效性可通过细节来体现。例如，案例中成功挽留客户的关键很可能发生在与客户的沟通对话中，为了能更好地还原细节情境，本案例选取文字呈现形式。

第三步：还原案例内容。结合"案例微笑曲线"，对案例中的关键内容进行还原并撰写。

第一部分：背景还原

> (1) 人物信息
>
> 张女士：年龄50岁，性格偏向于"急躁冲动"型。在A银行开户已经8年，是A行白金客户。风险评估显示，张女士的风险承受能力较弱，在理财投资方面注重产品的收益，从未在A银行购买基金等风险较高的产品，开户以来一直购买"TXY"系列理财产品。
>
> 小刘：A银行理财经理。她虽然不是张女士的专属理财经理，但平时和张女士也有交流，对张女士的投资习惯有一定了解。小刘初步分析，张女士属于"产品收益驱动型"客户。
>
> (2) 产品信息
>
> A银行"TXY"系列产品
>
> | "TXY"简介 | 产品期限分类 | 客户群体分类 |
> | --- | --- | --- |
> | "TXY"是A银行行固定期限、风险较低的理财产品，可以按照产品期限或客户群体进行划分。特定时间内会有特殊产品发行，如移动专属、新客专属、年终计划等，收益率同比较高 | 35天 | 普通客户 |
> | | 3个月 | 白金专属 |
> | | 6个月 | 钻石专属 |
> | | 12个月 | ＼ |
>
> B银行理财产品：在案例发生的时间点，该理财产品(1年期)的收益率比A银行1年期理财产品的收益率略高。

第二部分：案例冲突

结合"案例微笑曲线"，本案例的关键冲突在于客户希望转移资金和A银行理财产品处于劣势，这也是理财经理需要处理的高频问题，能激发读者在了解冲突后继续了解"如何解决问题"的欲望。为了能有效还原冲突，案例采用对话的方式进行客观还原，而不是用主观语言描述的方式，这样可增加内容的可读性与真实感。

> 6月30日，小刘在网点大堂巡视，突然看到客户张女士急匆匆走进来。虽然张女士不是小刘的客户，但平时办理业务时两人也有所交流，而且张女士是我行的白金客户。
>
> 小刘赶忙迎上去，微笑着对张女士说："您好，张阿姨，好久不见啦！请问您这次办理什么业务？"
>
> 张女士看起来比较着急，回答："我要取款！"

很多客户平时不习惯使用ATM机，更喜欢柜台服务。小刘看到等待办理业务的人并不多，就为张女士取了一个VIP号。在等待办理业务的过程中，小刘询问："张阿姨，您要取多少金额？我让柜台先帮您准备一下！"

张女士说："我要取30万元！"

此时，小刘感觉到营销机会可能来了，于是试着询问："张阿姨，30万元现金比较多，柜台确实需要先准备一下。请问这30万元目前是活期存款还是定期存款啊？"

张女士回答："是活期存款。上笔理财刚到期，昨晚收到短信，到账了。"

小刘隐隐觉得有些奇怪。张女士之前的投资习惯是一笔理财到期后，如没有其他用途，通常会继续投资，为什么这次她要取出呢？

小刘询问道："您取这笔钱是因为家里急用吗？"

张女士有点不好意思地说："那倒不是，还是计划买理财。本来我打算继续买你们1年期的理财产品，不过刚刚路过B银行，看到他家的收益率比你们高一点，而且买理财产品还送一袋大米！你抓紧让柜台准备一下，B银行再过半个小时就要下班了！"

张女士继续说："我看到他家也有1年期理财产品，收益率是5.32%，比你们的理财产品收益率高一点，这样我的收益能多一些！"

第三部分：案例行动

结合"案例微笑曲线"，案例主人公采取了有效行动挽留客户。本部分信息较多，可分段描写，也可以同样采用对话的方式进行还原。

(1) 通过询问了解客户真实需求。

小刘了解事情原委后，决定先稳住客户，试探着问了一句："张阿姨，您有没有看过B银行那个1年期理财产品介绍书啊？"

小刘继续抓住张女士并未详细了解B银行理财产品这个关键点，说道："张阿姨，您之前买过我们行的理财产品，应该也知道，风险高的理财产品收益自然会高一点。您在我们行买的1年期理财产品风险较低，至于收益，您也有切身体会，确实比较可观。所以，我建议您先了解一下B银行那款理财产品的风险，再做决定也不迟。"

张女士听完，刚开始交谈时那种笃定的态度发生了变化，她说："是啊，我刚刚路过应该多了解一下的！"

小刘注意到，张女士是一个人来网点办理业务，便说："您看您现在取30万元，还要再拿到B银行，路上多危险啊！在B银行柜台办手续也要半个多小时，很麻烦！"

张女士露出担忧的神情，说："对啊，我就想着赶紧去买，都没想到这些！要不我明天再来吧！明天先去B银行了解一下！"

此时，张女士已经明确表示不想继续办理取款业务，也对B银行的理财产品产生了一定的疑惑。

小刘成功地缓和了张女士的急躁情绪，为接下来的产品介绍赢得了时间和机会。

(2) 另辟蹊径介绍理财产品。

此时，张女士并不急于购买B银行的理财产品。小刘觉得这个时候可以和张女士进行更深入的交流，挖掘她的需求，并且进行理财产品推荐。

小刘问："您接下来，还是想买像之前那样的1年期风险较低的产品吗？"

张女士说："对啊！风险高的理财产品我可不买！我之前买什么理财产品你也知道啊！"

小刘在系统上快速翻看张女士的理财信息，注意到张女士从未购买过风险较高的基金等理财产品，从开户至今只购买"TXY"系列理财产品。此时，小刘打消了为张女士配置高风险理财产品的念头，而是决定利用不同时间点的理财产品组合配置来打动张女士，于是她说："张阿姨！我们在年底会推出一款年终理财产品，和您之前买的理财产品属于同一个系列，88天收益率预期5.6%呢！"

张女士明显被"5.6%"这个数字深深吸引了："收益率这么高啊！不过现在到年底还有好久呢！"

小刘说："您也知道，5.6%的收益率算很高了，您要是把所有资金都买成1年期理财产品，恐怕会错过这款理财产品，真的很可惜！"

张女士感兴趣地问："对啊，但是我的资金确实计划1年不动的！"

小刘说："您看这样好吧，您可以先买6个月的白金客户专属理财产品，这个理财产品到期后正好可以购买我刚刚向您推荐的那款年终理财产品。另外我们也有白金专属3个月理财产品，这样投资相当于您做了1年期的理财！"

张女士很兴奋："这样也可以吗？那到期的总收益怎么样？"

小刘按预期收益率帮张女士计算，说："这样算下来，收益会比B银行那款理财产品多200元。而且张阿姨您想一下，购买1年期的理财产品虽然可以锁定收益率，但是分期理财可以分期拿收益，到时候用收益继续投资或者做家用都可以啊！说不定到时候还会有收益率更高的理财产品，你会有更多的选择呢！"

张女士更加兴奋："这个可以！我考虑一下！"

在和张女士交流的过程中，小刘发现张女士除了关注风险之外，还比较关注收益率，因此小刘用客户较为关注的因素先吸引她的注意力。在张女士要求的配置期限内，小刘采用纵向配置方式为其进行理财规划，张女士对这种配置方式表现得非常赞同。

第四部分：案例结果

张女士想要回家再考虑一下，小刘知道，张女士已经对理财产品的规划方案动心了。为促成交易，小刘决定从白金客户的权益及理财产品的特点入手，再给张女士"加把劲儿"。

她乘胜追击："张阿姨，您还是我们行的白金客户呢！您也知道，购买理财产品可以进行白金卡积分，积分可以兑换体检，我看您之前积分已经挺高了，继续投资的话很快就可以兑换体验。而且您今天购买的话，明天就可以起息。明天是周五，假如您明天购买，恐怕就要等到星期一才能起息！"

此时，张女士很急切地说："那你赶紧帮我看一下有没有额度？我先买6个月的那款理财产品！"

小刘协助张女士进行操作，购买了"TXY"6个月白金专属理财产品。同时小刘告诉张女士，产品到期后会及时告知，到时候再帮她购买哪款年终理财产品。另外小刘还会关注张女士的白金卡积分，后续会进行维护和跟进。张女士表示非常满意，对分期理财的方式也很认同，表示以后会多考虑这种投资方式。

以上是《拿什么挽留你，我的客户——客户挽留技巧》的案例开发过程，从架构"案例微笑曲线"、明确形式到开发案例正文，作者清晰地还原了事件过程。

以上案例可同样选取不同的呈现形式进行开发，本案例作者为了便于内部分享，后期将其开发成PPT型案例，部分内容如图5-9、图5-10所示。

PART 1	客户挽留标准流程	案例展示

背景

A银行理财经理；入职3个月；勤奋努力；业绩较好

摊上的大事

2016年6月30日下午4点半，客户张女士到网点要求做大额取现交易。经询问，张女士表示她之前购买的理财产品已经到期，同时在B银行看到同期限理财产品的收益率更高，因此张女士想要将理财到期的30万元存入B银行，以期获得更高收益。

图5-9 《拿什么挽留你，我的客户——客户挽留技巧》PPT版案例部分内容1

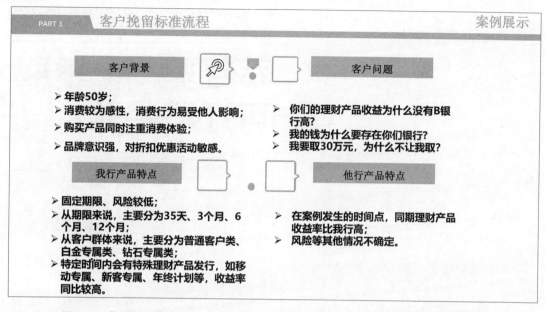

图5-10　《拿什么挽留你，我的客户——客户挽留技巧》PPT版案例部分内容2

在PPT型案例中，因为案例主人公可以通过语言补充信息，所以可减少内容中文字所占的比例，尽量通过图表等方式呈现。

特别提示：以上案例的内容仅作为参考，在实际开发案例过程中需要注意，并不是所有案例都需要进行对话式的内容还原。在很多专业岗位型、项目型案例中，也可通过主观描述的方式进行内容还原，但应尽量通过客观数据和信息进行还原，避免加入过多的主观判断。例如：

各个节点的工人数量存在安排不合理的问题。通过观察几轮试生产过程，测试出人效最高的排列方式。例如，喷码设备应作为独立的生产线，原先的喷码生产线为了节约成本，仅分配2人进行作业，一人负责传送原料，另一人负责成品摆放。因下游生产线工人的作业动作分为两步，即从传送带取货和摆放成品，其作业烦琐程度要高于上游人员。因为无法匹配上游生产线和机器传送的速度，导致出现生产断带现象。将人员配备调整为3人时，生产效率最优，可保证加工过程无断带现象出现。另外，在成品打包封膜过程中，上游生产线需2～3人摆放原料和操作设备，而下游生产线需2人操作，这样可实现效率最大化，有效避免在罗列成品过程中……

第六章

萃经验——萃取可迁移经验

在有效还原问题情境后，需要开始围绕真实情境进行萃取，挖掘可迁移经验，从而进行复制和传播。

第一节

什么是可迁移经验

在开展萃取项目时，组织方经常提出：能不能多萃取些干货。所谓干货，就是从真实情境中萃取的可迁移经验。简单来说，就是将A的经验传授给B，B"拿来就能用，用了真好使"。

与有效经验相对的，是"正确的废话"。例如，很多业务人员在分享成功的营销经验时，将其归纳为：以客户为中心，坚持+努力。此类经验内容并没有错误，但不具备可复制性，也就是无效经验。

通常，有效经验由理念和方法组合而成。

1. 理念

理念是指解决案例中的问题遵循的原则是什么，核心理念有哪些。例如，以客户为中心的经营理念、主动出击的工作作风均是理念化的表达。

在经验萃取过程中，很多萃取对象停留在理念层面的经验分享。这是因为大多数人在经历过一件事情后，会习惯于将自己的感受当成有效经验。但实际上，理念型经验匹配相应的方法型经验，才能形成有效经验。

例如，一个人在客户营销过程中的理念是：多观察客户的状态变化，根据客户的需求给予反馈。据此需要匹配的方法可能是：观察客户常见的3种状态，制定每种状态下的应对策略。

2. 方法

方法是指为了解决案例中的问题，必要的实施流程或步骤、窍门、方法论等。例如，阿里的"管理三板斧"、京东的"爆品打造7步骤"、vivo的"手机门店营销"话术、银行业客户方案模板等，均可称为方法。方法的特点是具备直接迁移性，可以达到"拿来就能用，用了真好使"的效果。在日常业务经营活动中，应用较为高频的方法可归纳为以下几种，企业可在此基础上，根据经验萃取的不同主题进行组合。

(1) 流程或步骤。流程或步骤是指解决一个问题的套路。例如，京东的"爆品打造7步骤"就是流程或步骤的总结。它可以为解决类似问题提供一个框架性的套路，保证应用人员在未来再面对类似情况时，大概率可以做到80分。再如，阿里总结的"管理三板斧"，通过定目标、追过程、拿结果，将中层管理者的工作行为框定在一个有效的范围内，从而保证更大概率的成功。

流程或步骤的总结通常适用于项目类、营销类、管理类等岗位，也较常出现在经营to B型业务的公司中，因为项目与项目、客户与客户间存在差异性，并不具备可直接迁移的工具，就需要对流程进行总结。流程型经验萃取示例如图6-1所示。

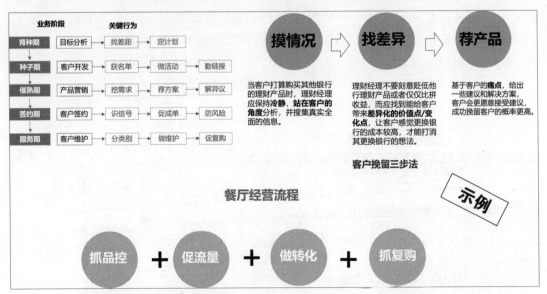

图6-1　流程型经验萃取示例(项目类、销售类、管理类岗位)

(2) 窍门。窍门也叫"一招鲜"，是指在某个常规动作或行为中，区别高手与普通人的做法。例如，在生活中，通过"身手钥钱"的谐音，就能提醒自己出门要带"身份证""手机""钥匙""钱包"，这就是解决"出门容易遗忘物品"的窍门。在日常业务活动中，应用较为高频的窍门通常包括以下几种。

① 话术。在进行销售类、客服类、管理类岗位经验萃取时，话术是较为常见的可萃取干货。例如，国内某知名手机品牌的门店营销人员就曾经发现，在顾客询问手机信息时，增加一句话术"你看的手机可能没有货了，我需要到后面去看一看"，就可明显提升客户购买的效率。话术型经验萃取示例如图6-2所示。

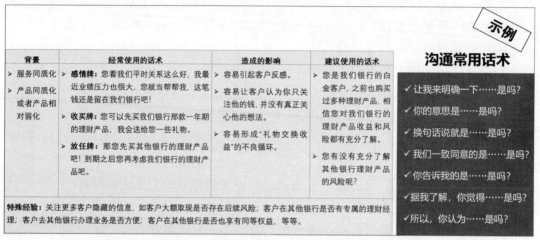

图6-2　话术型经验萃取示例(销售类、客服类、管理类岗位)

② 模板/范例。分析客户方案模板/范例、项目组织模板/范例等，可帮助人们在开展类似工作时直接复制使用。一个模板/范例就像一张清单，不要小看清单的价值，它可以帮助你节省大量的时间和精力，你的脑子应该是用来思考的，而不是用来记事的。模板/范例型经验萃取示例如图6-3所示。

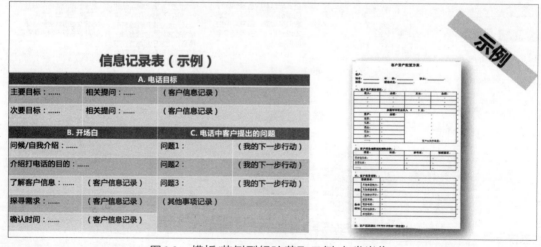

图6-3　模板/范例型经验萃取示例(各类岗位)

③ 实体工具。实体工具也就是解决问题的实物工具。例如，提升营销效率的海报、降低某个设备故障率的阀门、减少生产安全事故的安全带等。实体工具往往不能直接展示在电子版的萃取文档中，所以在萃取时应尽量通过可视化的方式呈现，例如照片或视频。

④ 避坑指南。查理·芒格曾经说过："如果我知道我会在哪里死亡，那我永远不会去这个地方。"避坑指南是对"完成一件事情不要做什么"的总结。例如，打开抖音，能看到一系列避坑指南小视频，如装修避坑指南、重庆旅游避坑指南、环球影城游玩避坑指南。在企业经验萃取中，客户异议处理避坑指南、制定项目方案避坑指南、线上营销避坑指南等均有参考价值。在很多工作中，减少犯错的频次就是最好的经验。

(3) 方法论。方法论是指通过理论、模型、经典工具等对主题及情境进行分析。例如，华为运用经典的BLM(business leadership model，业务领导力模型)来解决和分析重大事件。方法论的价值在于可以帮助信息接收者获取解决问题的底层逻辑。但方法论通常也是企业内部专家的短板，往往需要借助外脑进行输入才能产出。

案例分析

上一章我们分析了《拿什么挽留你，我的客户——客户挽留技巧》案例，在本章，案主从中萃取了如下理念和方法(流程+话术)。

理念一：假想成交理念

假设客户办理业务时会遇到什么困难或者之后会遇到什么风险，将问题充分展示给客户，从而为理财规划和产品推介留出时间。在本案例中，客户在无充分准备的前提下，来网点办理大额取款业务并要去他行购买理财产品。假定客户在我行办理了这项业务，那客户会随身携带大额现金，并在他行办理存款业务，这个过程对于客户来说有一定的危险性，而且耗费时间很长。理财经理引导客户考虑这些问题时，客户会对之前的选择有所犹豫，可把握机会进行下一步规划。

理念二：多维方案理念

在资产配置方面，理财经理应多维度考虑。例如，横向维度不同产品的搭配，纵向维度不同时间点的产品配置，并且就搭配数据进行分析证明。

在本案例中，客户的风险承受能力和产品期限是一定的，理财经理转换了角度，从不同时间点的产品配置来考虑，并阐述这种方法的优点。在客户动心之后，理财经理又采用"早购买，早起息，早收益"的话术，乘胜追击，促进了成交。

方法：挽留客户三步法

在该案例中，理财经理正是通过以下三步流程，影响了客户的购买决策，在此列出，供读者参考。

第一步：摸情况。

当客户打算购买其他银行理财产品时，理财经理先不要急躁，要学会站在客户的角度理解客户，从而找到客户真正的关注点。

因为在服务同质化的前提下，客户一般会根据自己的需要，优先选择收益率最高的理财产品。这个时候，理财经理先不要急于用服务或关系来"道德绑架"客户，而应该先站在客户的角度，仔细了解信息，从中找出挽留客户的突破点。

案例中，小刘正是抓住了张女士对其他银行理财产品并没有深入了解的机会点，成功地缓和了张女士的急躁情绪，为接下来的理财产品介绍赢得了时间和机会。

在此过程中，建议理财经理使用如下话术：

"您是我行的白金客户，之前也购买过多种理财产品，相信您对我行的理财产品收益和风险都有充分的了解。"

"您有没有充分了解其他银行理财产品的风险问题呢？"

第二步：找差异。

在我行理财产品确实存在同比收益率较低等缺点的情况下，理财经理不要刻意贬低他行理财产品或者单一地比拼收益，而是找到你能给客户带来的价值点，凸显我行理财产品的差异性和不可替代性，让客户感觉更换银行的成本较高，从而才能打消客户离开的想法。

理财经理无须刻意为客户推荐收益率高但风险也较高的理财产品，而是可以先试着向客户传达资产配置的理念，从时间线上给客户做理财规划，并说明这种方式更有利于客户对资金的掌控。相较于客户要更换的银行，你的优势一定是更加了解客户，应充分利用这个优势，站在客户的角度思考问题，找到解决问题的关键点。

在案例中，小刘就很好地抓住了张女士"并未详细了解B银行理财产品"这个点，让张女士认识到自己对B银行的理财产品并不熟悉，而自己和A银行已经合作了8年。基于这样"生与熟"的差异点，强调了A银行的不可替代性。

第三步：荐方案。

当你能基于客户的痛点给出一些建议和解决方案时，客户会更愿意接受你的建议，成功挽留客户的概率也就更高了。

案例中，小刘在张女士要求的配置期限内，采用了纵向配置方式，即利用不同期限理财产品的组合，为其进行理财规划，张女士对该配置方式非常赞同。后续再匹配一些能让客户有尊属感的服务，客户黏性会相应提高。

在此过程中，建议理财经理使用如下话术：

"我可以为您做资产配置，既符合您的要求，又可以提高您的资金流动性。"

"固定期限的理财产品固然可以锁定收益率，但是分期理财方便您随时变换理财手段，把握购买好理财产品的机会。"

"要不要我帮您计算资产配置的收益情况？"

第二节
如何萃取有效经验

了解有效经验的定义后，如何保证萃取对象的有效产出？可通过如下两个步骤来完成。

1. 将萃取目标转化为具体问题

在实际萃取经验的过程中，应将专业语言转化为萃取对象的语言进行任务传递，因为大多数业务专家较难快速正确理解概念类的专业语言。作为萃取者，需要根据学员熟悉的语境来"翻译"任务和要求，才能保证有效产出。

例如，你现在的萃取对象是银行客户经理，萃取主题为"如何进行增量客户开拓"。经过前期的步骤，该客户经理已经挖掘出一批真实的场景案例，接下来需要围绕案例萃取经验，此时你不应告诉目标萃取对象"请总结你的成功理念和方法"，而是要将萃取内容通过"在……情况下如何解决问题"的句式进行说明。例如，可以告知萃取对象，接下来需要结合案例总结"在客户拒绝的情况下，和客户说哪些话来挽留客户"，或者"在客户感兴趣的情况下，你会给客户展示产品的哪些内容"。通过回答以上问题，可以萃取案例中的"话术"或"模板"。但如果直接让萃取对象给出有效的话术和模板，很可能会因为双方理解不一致，弱化话术和模板的使用效果。

不同行业的"可迁移经验"还有很多类型。例如，在银行里，如何向客户介绍资产配置；在制造业，操作工向哪个方向拧螺丝；等等。这些都可能是可迁移经验，你需要让萃取对象贡献干货。

2.通过经验萃取表帮助学员梳理经验

完成语言"翻译"后，与学员共同完成表6-1，利用表格可以视觉化地呈现内容，便于学员了解全貌。另外，如果某一个主题由多人共创，可以让课题小组成员首先静默思考，也就是在某段时间内(通常是3～8分钟)相互不交流，将个人的思考结果写在便利贴上展示，这样可保证所有人的想法均在某一个框架内呈现，在此基础上补充完善。

表6-1　经验萃取表

问题	可迁移经验					
	A. 流程	B. 窍门	C. 风险点	D. 话术	E. 模板	F. 方法论
问题1						
问题2						
问题n						

表6-1中的"问题"列，是指将大主题拆解后明确的本主题下要解决的关键问题。

通过以上步骤，基本可以保证围绕某一主题的有效经验能被最大限度地萃取，并能形成结构化的呈现模式。

第三节
萃取实现的形式

根据企业现状的不同，经验萃取的形式也不同，应用较为普遍的形式有以下几种。

1.通过萃取工作坊进行共创

萃取工作坊是现在较多企业采用的萃取形式。共创是以萃取主题为单位，在每个主题下，由相关业务专家组成小组，通过结构化的讨论共创，输出小组基于主题的有效经验。萃取工作坊需要具备萃取专业知识的讲师，通过"知识输入+引导共创产出"的步骤来实现，常规工作坊的实现步骤和共创内容如表6-2所示。

表6-2　常规工作坊的实现步骤和共创内容

导入知识	共创内容
定主题 1. 为什么要拆解：还原全貌，看清关键 2. 案例拆解分析：如何通过拆解事件萃取案例关键点 3. 拆解方法：要素拆解、过程拆解	主题选取共创 主题拆解共创
做案例 1. 为什么要做案例，什么样的案例吸引人 2. 案例开发工具："案例微笑曲线" 3. 如何通过"案例微笑曲线"还原案例，"案例微笑曲线"体现的关键词是什么 4. 练习：通过"案例微笑曲线"还原《华为人》视频案例 5. 案例形式：不同形式的案例呈现要求	小组共创"案例微笑曲线"
萃经验 1. 什么是有效经验 3. 流程：建套路，适合项目型经验萃取 4. 窍门：找诀窍，适合销售、生产型岗位经验萃取 5. 风险提示：提炼避坑指南，避免犯错就是最有效的经验 6. 话术：找到关键话术，适合销售、客服等岗位经验萃取 7. 表单：项目开展过程中的可用表单、模板等 8. 方法论：可借鉴、可参考的方法论模型	现场提炼案例中的有效经验

2. 通过访谈萃取

访谈是在萃取他人经验时高频采取的方法，很多业务专家在专业领域是"牛人"，但归因能力较弱，无法有效总结自我经验，这时候就需要通过访谈来引导及挖掘。

1) 访谈准备：提出假设

萃取式访谈的形式并不是从0到1挖掘案例与经验，而是以假设为前提进行验证。也就是说，在进入访谈前，你需要对访谈主题提出一系列假设，而访谈就是一个验证假设的过程。

例如，在图6-4中，某集团公司在对区域负责人进行经验萃取前，首先向被访谈者提出包括56个痛点场景的假设：新到任，对业务不了解；团队对任务的理解不一致；等等。通过进一步整理，将其归纳为15类痛点问题。通过访谈，找到了关键痛点问题的出现频次，从而引导后续案例的展开及经验的萃取。

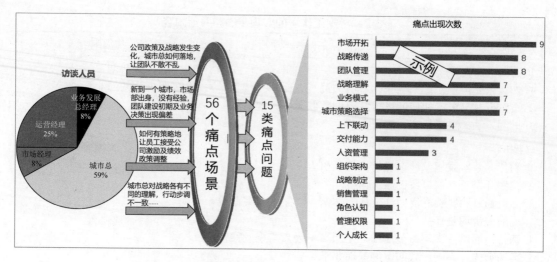

图6-4 找到关键痛点问题出现频次，引导经验萃取

不先做假设的访谈效率往往不高，因为在访谈中，大多数被访谈者并不善于总结，甚至在接受访谈时才知道"要被访谈"这件事情。在这种情况下，如果没有有效的假设支撑，那么得到的答案往往来自被访谈者临时思考的结果，信效度就会相对较弱。

所以，在访谈前，必须对被访谈者的工作场景进行二手资料分析，比如工作岗位任务、SOP流程等。站在被访谈者的视角看问题，才能提出有效的假设。

2) 访谈方法

访谈方法有很多种，较为经典的方法有STAR(situation：情景；task：任务；action：行动；result：结果)和SCQA(situation：情境；complication：冲突；question：问题；answer：回答)。笔者基于多年经验，将案例萃取式的访谈总结为SDC访谈法，该方法侧重在访谈不同阶段提问的逻辑和内容。

(1) S：背景和全貌，即situation和structure。situation是指了解背景信息。在访谈开始时，往往被访谈者还没有完全进入状态，甚至不知道要谈什么。这时候应该提一些能激发被访谈者在短时间内直接给出答案的问题，一方面可以帮助你了解被访谈者的情况，另一方面可以帮助被访谈者进入状态。

问题示例：

● 请简要地介绍您的基本情况(岗位职责内容、任职年限等)。
● 请介绍您所负责的业务情况。
● 请您介绍这个项目的立项背景。

structure是指在访谈开始时建立一个整体框架，避免在后续访谈中跑题或被代入无关的细节。在此阶段，较好的访谈方式是引导被访谈者回忆具体事件(案例)。

问题示例：

● 能否分享一个关于这个主题印象最深刻的案例？请您简要介绍案例的经过和结果。

● 请您简要介绍整个案例的发展过程。

● 在您的岗位上，每天的时间是如何分配的？请您举例说明，比如以昨天或上周为例。

(2) D：细节，即detail(包括冲突、行为)。任何脱离真实情境的经验都是"伪经验"。有效经验的萃取，必须通过还原真实场景来验证。案例萃取和传统的工作总结、述职报告等的最大区别就是对过程和细节的还原。

在被访谈者介绍完背景信息和时间框架后，需要进行关键细节的挖掘和还原。在挖掘细节的过程中，涉及规定动作和自选动作两类问题。规定动作是指常规类问题，可以帮助被访谈者还原案例或经验；而自选动作通常是指访谈过程中的追问。追问是指在被访谈者给出的答案的基础上再进行提问。追问的能力往往能体现一个访谈者的专业能力。例如，访谈节目《十三邀》，其主访谈人许知远的魅力就在于能根据嘉宾的表述进行深度追问，引导嘉宾深入思考，给出更有深度的回答，网友们看后大呼过瘾。

① 规定动作典型问题，可运用4W1H法，问题示例：

● when，即项目是在什么时间实施？你在什么时间接待客户？

● who，即客户的情况是什么样的？当时都有谁参与项目？

● where，即项目在什么地点实施？

● what，即整个营销过程中最大的难点是什么？产生的原因是什么？当时遇到的困难和挑战有哪些？

● how，即为了应对这些困难和挑战，你都做了哪些努力？其中哪件事情最重要？以后面对此种挑战时，如果只能做一件事，你会做什么？

② 自选动作典型问题(追问)，问题示例：

● 你当时为什么会这么做？这是你一贯的做法还是灵机一动？

● 能否还原当时的对话？你们都说了哪些具体内容？

● 除了你刚才提到的，还有哪些筛选和判断客户需求的依据？如何确定客户是不是重要潜力客户？在筛选客户时，有哪些方法和维度可用于判断客户等级？

● 你提及在会面前为客户定制礼物，并通过多次会面交流，给客户留下了良好印象。你认为，在做会面准备和会面时，有哪些具体的行动可以促进营销？如何定制和选择合适的礼物？

(3) C：可迁移经验，即copy。在进行访谈时，被访谈者往往喜欢谈及自我感受而不是行为，但感受型的经验往往可复制性不强。例如，真正做到以客户为中心是营销成功的关键，但这类经验无法应用。

访谈者需要准确挖掘被访谈者的可迁移经验，也就是A项目的经验应用到B项目中也可行。例如，流程、话术、窍门、避坑指南、模板、工具或方法论等。问题示例：

- 如果再实施一个类似的项目，你认为本案例中的哪些方法或工具依然可以应用？
- 如果向其他兄弟单位分享经验，你认为本案例中最值得分享的经验有哪些？
- 你认为本案例中最可复制的经验有哪些？
- 如果用"3步法""5步法"的方式总结解决类似问题的经验，你会将案例中的流程总结为哪几步？
- 如果让你向其他没有开展过类似项目的伙伴分享几个风险点，你会给出哪些提示？
- 在项目开展过程中用了哪些表格、模板或者工具？

第七章

建模型——让经验便于记忆并得到有效应用

经过定主题、做案例、萃经验这三步，萃取工作已基本完成，但为了萃取的经验更易复制与传播，还需要对经验进行提炼，也就是需要提升萃取经验记忆度。在实际萃取工作中，经常会碰到的问题是，虽然业务专家萃取了有价值的经验，但由于内容过多或过于复杂，导致受众在脱离内容文档后很难进行二次提取。因此，应提升萃取经验的记忆度。

在实际应用中，较为常见的提升萃取经验记忆度的方法有口诀法和模型法两种。

1. 口诀法

口诀法是指通过口诀的方式对有效经验进行编码，以便于记忆和传播。例如，阿里巴巴的"管理三板斧"：定目标、追过程、拿结果，就是典型的口诀化处理。人类大脑更容易记忆有规律、有思路的信息。一个检验经验能否被有效记住的方法，就是将经验告知一个人，看他能否快速将经验转述给别人。转述方法就是构建思路，用口诀法或模型法来提升经验记忆度。

在电视剧《我的兄弟叫顺溜》中，有这样一个场景，主人公顺溜总结自己的射击经验：敌军上山的时候要瞄目标的头，因为主体向上移动，当子弹射出时他已经上升了一定距离，这样正好命中目标；敌军下山的时候要瞄目标的脚，因为主体向下移动……这些内容总结本身是非常有价值的，但如果不看原文再请你回忆，你还能记住吗？好内容并不一定容易被记忆，在该电视剧中，后来有人将这份射击经验总结为16个字："鬼子上山瞄他的头，鬼子下山瞄他的脚。"这样的总结便于记忆，且便于口口传播。

在对组织经验进行总结时，常用的口诀法包括首字法、数字法、三字法。

(1) 首字法。首字法是指将经验的每个关键点用一个字概括。例如，连锁行业总结的人、货、场，就很好地概括了商业场景的构成。运用此方法，不仅可以提炼汉字的首字，也可提炼英文的首字母，我们熟悉的SMART原则、SWOT分析等都属于英文首字口诀。笔者发现有一位从事信用卡营销的学员针对新客户开发总结出PEW步骤，这个由英文单词首字母组成的单词发音类似手枪开枪的声音，便于记忆，代表"见到可能是客户的people，一定要留他的email和wechat。首字法较多应用于对多个呈现并列关系的信息进行总结。例如，业务办理中不能忘的5个要点、客户沟通的6项原则等，目的是通过简化内容让受众记住较多信息。

(2) 数字法是指将总结的经验内容与数字相联系，以便于受众记忆和传播。例如，交通出行口诀"一慢二看三通过"就是应用数字法提炼的口诀。调查显示，人类大脑对于数字的敏感程度远高于文字，将需要传递的概念信息与数字相关联，则更容易被传播。

(3) 三字法是指用几组3个字的组合词总结经验。三字口诀的特点是读起来有节奏感，便于大脑记忆。例如，前文提到的"定目标、追过程、拿结果"，如果你读出声，就会发现这句口诀具有很好的节奏韵律。三字法更适用于具有逻辑关系的经验总结，目的是帮助受众记忆内容间的逻辑关系，例如三板斧、三步法等，在项目类、营销类、管理类萃取项目中常被采用。

2. 模型法

模型法是指将内容信息视觉化呈现，帮助信息接收者在大脑勾勒画面，从而加深记忆。

常见的模型有形象式模型、矩阵式模型。

(1) 形象式模型。它是指将信息内容与人们熟悉的形象建立链接，从而提升记忆效率的模型。例如，鱼骨图、思维导图、逻辑树均是形象式模型。这类模型常用于对不同内容间具有联系性的经验进行提炼。例如，人的精力由4个因素决定。

- 最基础的因素是体能，体能是一切的基础，很大程度上决定了我们的精力是否充沛。
- 第二基础的因素是情绪，情绪的好坏决定了你的精力是否会被负能量消耗，也非常重要。
- 第三基础的因素是注意力，保持专注的习惯很重要。
- 第四个因素是意义感，做一件你认为有意义的事情会让你更容易产生充沛的精力。

以上信息如果通过文字进行记忆显然并不容易，但如果提炼为如图7-1所示的金字塔模型，将有助于信息接收者快速记忆。

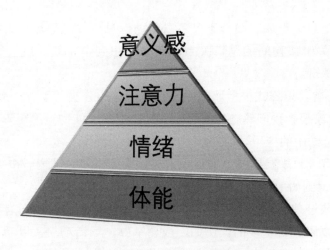

图7-1　形象式模型：决定人的精力的4个因素

在销售工作中，对客户的管理通常分为以下3个阶段。

● 第一阶段，客户数量最多，但成交概率比较低，必须通过电话营销使其进入第
　二阶段。

● 第二阶段，客户数量比第一阶段少，但成交概率较高，一般通过举办市场活动
　来推进客户进入第三阶段。

● 第三阶段，客户数量最少，但成交概率更高，一般通过拜访客户的方式促进客
　户成交。

通过如图7-2所示的漏斗模型，可以帮助人们快速建立关于客户发展阶段的画
面感，从而快速记忆。

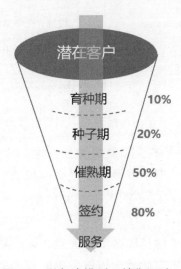

图7-2　形象式模型：销售漏斗

相较于文字信息，形象式模型不仅可以帮助信息接收者记忆相关内容，更能帮助其在大脑中建立关于事物间的逻辑关系。例如，想到金字塔，就会想到从底层到高层，层层递减的逻辑。

(2) 矩阵式模型。矩阵式模型通常用于呈现内容的分类关系，一般从2个维度将内容按类型分为4个象限。我们熟悉的时间管理优先矩阵、能力意愿矩阵，就是典型的矩阵化模型在知识总结中的应用。

例如，曾经有一位学员围绕"如何识别有效人才"对企业内一个重要岗位(区域经理)进行了萃取，得到如下经验。

"优秀的区域经理通常聚焦关键事项，而不是分散精力关注所有事项，他们聚焦的事项往往是可复制、可重复的。例如，成功举办一场活动后，以后可以重复举办这类活动，直接复制经验，而不是每次都做新活动，这样可以使投入成本不断下降，但收益不变。而普通的区域经理要么挣'辛苦钱'，每个月拼命工作才能达成业绩；要么就是非常努力，却依然没有得到应有的回报。"

以上信息较难被直接记忆，可通过矩阵式模型搭建区域经理的识别与自我分析矩阵，如图7-3所示。

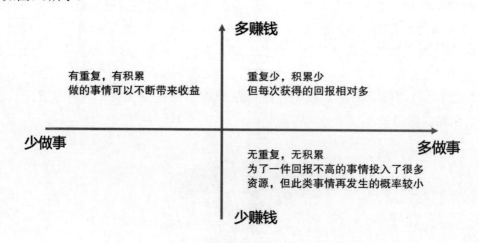

图7-3　一个区域经理的识别与自我分析矩阵

通过这个矩阵，依据做事多少和赚钱多少对区域经理进行区分，简单易懂。其中，多做事、多赚钱的区域经理呈现做事重复少、积累少但回报相对较多的特征。例如，每年都靠开发新客户获取业务的人就在此象限，做事很辛苦，但也会有相应的回报。

多做事、少赚钱的区域经理呈现做事无重复、无积累的特征，他们为了一件回报不高的事情投入了很多资源，但此类事情再发生的概率较小。例如，那些总是有新想法，但每次付诸行动时总是浅尝辄止的人就在这个象限。

最优类型为"少做事，多赚钱"的人，也就是一份投入可以反复带来收益的人。

例如，一位区域经理在当地开展了一场成功的营销活动，之后并没有再设计新活动，而是反复开展已经成功的活动，在此基础上迭代，经过一段时间后，这项活动已经成为当地的一个符号，消费者只要听到某个关键词便会想起这家企业，而他们开展此项活动的成本会随着经验的增加而越来越低，收益则不断增加。这就是典型的少做事、多赚钱。

通过矩阵式模型，将复杂信息进行了整理，让读者一目了然。

以上是对经验建模方法的介绍。有效经验，不仅要"用得上"，还要能让人"记得住"。当你萃取的内容有清晰的主题、真实的场景案例、用得上且记得住的经验，那么接下来，只要在组织中找到正确的应用模式，就可以逐步构建组织的经验体系，从而推动组织智慧流动。

经过定主题、做案例、萃经验、建模型4个步骤，可将原本零散的经验进一步聚焦和萃取，沉淀为宝贵的组织财富，为后续开展类似工作奠定知识基础。

应用篇

组织经验萃取的
落地应用

第八章

萃取+内训师培养
——让别人去讲道理，我们来讲故事

萃取的案例和经验，往往可以和企业内部讲师的课程开发有机结合，从而促进内部课程场景化，提升实战性。例如，华为将内部案例与培训课程相结合，打造了独具特色的训战结合的培训项目，提升了内部讲师案例萃取及教学的能力。

内训师应如何开发高质量的课程？如何完成高质量的教学？这两个问题一直困扰着企业中的培训管理者和内训师本人。内训师作为企业挖掘和传播内部智慧的关键人群，在开发和讲授课程方面往往面临不少痛点。例如，"肚子里有货却讲不出来""课程讲得太专业别人听不懂""自以为讲的内容很好却让别人听得昏昏欲睡"。笔者曾经与一位企业中的技术"牛人"沟通，他学富五车，技术出众，可一直受困于一个烦恼，就是不知如何开展公众分享或授课。他被企业安排过几次内部授课，他也是乐于分享的人，可每次精心准备的课程换来的却是远低于预期的课堂效果，让他很郁闷。这位技术"牛人"遇到的问题，也是企业内训师经常碰到的困惑——肚子里有货，却很难把"货"变成一门别人愿意听的课程。

为了解决类似问题，企业通常会对内训师进行"TTT培训"，主要教内训师如何讲好课程、如何互动，但大多数情况下，培训结束后没多久，内训师还是会依循过去的讲课模式，效果并不理想。

　　问题真的出在内训师身上吗？对于内训师来说，讲课大多数是兼职，学习"授课技巧"对他来说并不是刚需，内训师保持了几十年的说话习惯和演绎风格，想在短时间内改变并不现实。对于一项非刚需且使用低频的技能来说，没有人愿意投入过多的精力，要想真正地让内训师的课堂活跃起来，关键在于对课程结构的设置，应通过内容设计让课程达到预期效果。

第一节
内训师——运用案例进行教学

　　案例教学作为一种体验感和落地性更强的教学方式，被很多企业引进，作为培养内训师的方法，弥补了过去内训师在课程开发方面的短板。

　　例如，传统课程讲客户营销，会告诉你客户的特性、营销的逻辑等内容，而案例教学则会呈现这样的情境："你这个月再完不成业绩很有可能会被公司辞退，而此时你只有一个A客户，但这个客户处处刁难你，你该怎么办呢？"

　　在我们的大脑中，存在两种思维：一种思维会告诉我们要好好听这门课，要认真学习，这是理性思维；而另一种思维会告诉我们，好困啊，我想睡一会儿，这是感性思维。你猜，当两种思维对峙，通常情况下哪种思维会赢呢？

　　大多数情况下，都是感性思维战胜理性思维。这也不能怪我们，因为那门课程在一开始就没能征服你大脑中更强大的那股力量——感性。

　　在《认知设计》这本书中有一个很恰当的比喻，把理性比作驭象人，而感性思维是大象，大象的力量很大，我们必须顺势而为。

　　作为教学者或课程开发者，应该知道一门好课程首先要带领学员思考如何征服大象。要驾驭大象，就要顺应它的习惯模式，而"案例"就是顺应大象习惯模式的思维模式。我们能深刻记忆的很多知识都是以故事为载体出现的，一个好故事，往往就是能驾驭你的大象。

　　案例式课程开发与教学对内训师来说，是一种更容易掌握的课程开发和授课方法。首先，内训师的课程目的在于"解决问题"而不是传递学科知识。一门课程哪怕只解决了一个很小的问题，也优于大而全但解决不了任何问题的课程。例如，主题为"与客户见面时如何开口"的课程就好于主题为"客户营销与管理"的课程。后者并不是内训师擅长讲解的内容，聚焦解决问题的小主题，才是开设这门课程的主旨。

例如，你被邀请为某金融公司销售人员讲授关于销售主题的课程，你会分享下列哪些内容？

A. 如何成为一名好销售？

B. 搞定大客户的3个关键。

C. 经典销售模型及其发展历程。

大多数销售人员会选择B。既然课程以解决问题为出发点，真实的问题一定来自"真实的情景"。基于情景进行教学，是最有效的教学手段。

相较于道理，人们更愿意听真实的故事。假设有一门课程叫"保险的好处"，如果以传统方式讲授，内容包括保险的好处有哪些、相关的注意事项有哪些。如果以讲故事的方式讲授，可以从一个案例开始：王斌在一次车祸中失去了他的右腿，他的家庭为此遭受了毁灭性打击，而就在一个月前，有人向他推荐过一份意外保险，但他没有在意。面对这样的问题，该如何解决呢？

对比以上两种表达方式，人们会有完全不同的感受。很明显，一般人在看案例时情绪更投入，因为大多数人都是感性动物。情绪的代入，才是一门课程发生的前提。

这里列举一个连锁企业的内训师转型案例。

某经营服装业务的连锁企业需要不断对一线人员进行培训，所以在该企业中，内训师是一个非常重要的群体。但是，该企业的内训师投入且勤奋，课程效果却并不理想。其中大多数课程信息量大、讲解方式枯燥，甚至内训师才讲到一半，培训时间就不够了。这些问题导致培训事倍功半。

企业试图改变内训师的授课技巧，比如做过很多次TTT训练，但情况总是好了几天，又恢复到原来的样子。

这种现象在不少企业中都存在，虽然内训师"有料"，但他无法达到企业预期的授课效果，即便做了TTT培训，也没有好转。

如何才能让内训师快速掌握把课讲好的方法呢？真的要从提升授课能力开始训练吗？内训师必须能在台上挥洒自如吗？那些内向、严肃的内训师该怎么办呢？我们发现，具有这种性格特征的内训师往往掌握真正的干货。

后来企业转变了思路，先从改变课程设计端开始。其实要做的只是"改变知识传播的方式"，而这时候，案例式课程的价值就体现出来。这家企业的内训师不再训练演讲技巧，而是删减课程，留下有用的干货，选择课程内容时，不再关注自己想讲什么，而是关注能为别人解决哪些问题。

接下来，通过案例教学重新设计课程。对于每一个关键知识点，都通过场景还原、视觉案例的形式来呈现。例如，过去的课程内容逻辑与图8-1相似。

图8-1　课程内容逻辑——动导线

重新设计课程后，将实际工作场景中的内容拍摄成视频案例，如图8-2所示，在课堂上播放后，邀请学员进行研讨。因为大多数学员遇到过同样的问题，现场研讨氛围热烈。研讨结束后，内训师负责分享工作中的实际做法和经验，课程取得了非常好的效果。

图8-2　重新设计课程后的视频案例截图

同样的内容，只是更换了知识传播的方式，给别人带来的体验就完全不同了。基于这个理念，企业内部全面推广案例式课程，保证每一个知识点都有用，每一个知识点都通过真实的业务案例进行传授。

当我们再次走进内训师的课堂，看到的是学员全情投入、热烈讨论、积极思考。知识的后期转化也取得了很好的效果，员工技能达标率提升、门店投诉减少……

第二节

企业案例教学和商学院案例教学的区别

在企业中应用案例教学和在商学院中应用案例教学有较大的区别。在商学院，通常使用较复杂和系统的案例，例如，阿里巴巴的商业模式、腾讯的产品创新等。教授围绕某个知识体系讲授课程，例如战略、创新，让学生在真实的案例中完成对系统知识的学习。这种教学方式的成功，取决于3个核心要素：全情投入的学生、知识储备丰富的教授以及大篇幅的全面案例。

然而，这3个核心要素在企业中都不具备，这也是企业案例教学无法复制商学院案例教学模式的关键原因。企业教学着重解决具体问题，而具体问题一定来自真实情境，只要是能真实还原业务情境的信息载体，都可以称为案例，也都可以应用于教学。相较于商学院教学所用的案例，企业教学所用的案例呈点状、更聚焦。例如，两张具有对比性的现场陈列照片、一个包含众多信息的excel表格，都可以作为教学案例使用。

第三节

企业案例教学的原理

企业案例教学的底层逻辑来自成人学习的基本原理，即库伯学习圈，通过真实的案例引发体验和代入感(正如前文述及，人在看到信息和看到故事时会产生完全不同的感受)，通过提问激发思考，再给出解决问题的知识点。这是企业案例教学的基本逻辑。

为了便于记忆，笔者设计了一个便于记忆的企业案例教学模型——CAP模型，如图8-3所示。C(case)代表以案例为出发点，A(ask)代表结合有效的提问引发思考，而P(point)代表"有力"的知识点。这个方法被众多优秀的企业作为培养内训师的核心方法，旨在帮助每一位内训师打造一个基于真实案例的课程。

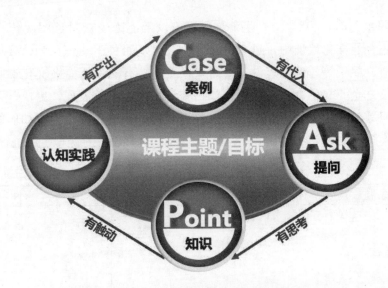

图8-3　企业案例教学CAP模型

在案例教学CAP模型中，门有效的课程应该从一个真实的案例(C)或场景开始，通过案例(C)或场景引发学习对象产生代入感。内训师通过提出问题(A)来引发学员思考。结合案例和提问，讲师给出能解决问题的知识点(P)，从而完成学习的闭环。应用该模型开展教学，学员的学习体验与过去灌输型教学的学习体验是完全不同的。

苏格拉底曾说："教育是唤醒，而不是灌输。"案例教学是一种以学员为中心，将学员带入真实场景，并促使其主动思考，从而完成学习的过程。

第四节
如何运用CAP模型设计案例式课程

1. 选好主题，才能事半功倍

在使用CAP模型前，首先需要选定课程主题。在案例式课程设计中，选题的关键是以学员为中心，也就是说，重要的不是你想讲什么，而是你能帮助学员解决什么问题，应避免课程主题过于概念化、知识化。例如，课程主题不应该是营销技巧、团队管理，而应该是"'90后'下属不配合你工作的时候应该怎么办""团队批量离职应该怎么办""如何招到合适的员工"。通过将具体问题转化为主题，可帮助学员第一时间聚焦于这门课程能为自己带来的收获。

选择课程主题时，应该首先明确受众对象以及能为受众对象解决什么问题。例如，在新员工企业文化培训中，过去的企业文化课程讲师下意识认为，要讲企业的发展历程、使命、愿景等，但你有没有想过，新员工为什么来听企业文化课呢？其实你要讲的不仅仅是企业文化，还要告诉他如何在这家企业更好发展、更快升职加薪。而要解决这些问题，讲师就要对企业文化内容有一定的了解。那具体应如何做呢？首先要做好选题。在实践中，可运用如表8-1所示的课程规划表，对课程主题进行规划。

表8-1　课程规划表

主题	对象	事件

表格一共分三列，第一列为主题，内容包括课程名称以及为受众对象解决的问题。第二列为对象，内容为学员对象的相关信息。第三列为事件，内容为与所要解决的问题相对应的事件。

例如，课程要解决的是大家如何向客户营销的问题。在实际业务中，客户营销的常见场景是什么呢？例如，一个销售新人向客户介绍产品，客户一点都不感兴趣，这是一个典型事件；销售新人向客户推销了三次产品，客户依然拒之门外，这也是一个典型事件。任何问题都要落实到具体的事件当中，能够落实到真实的场景当中才叫真问题，否则都是伪问题。

对课程开发来说，明确主题和目标是基础工作，不以学员为中心的主题设计，会让课程开发陷入无效的境地。

2. 选择适当的案例

教学中的案例应用，其重点在于对冲突部分的还原，再基于冲突引发进一步的思考和讨论。例如，讲授"客户营销"案例课程，可引用一位客户经理的客户开发案例辅助教学，案例内容重点选取客户经理因缺乏客户资源而不知所措、被重点客户拒绝等冲突场景。这些冲突点是引发学员代入自身的关键，同时也是链接第二步ask(提问)的关键。

当案例还原关键冲突后，要在这个节点上停下来提问题：如果你是他，你会怎么做？你有没有更好的方法去解决这样的问题？这些问题可以引发学员的思考和讨论。当学员开始思考，他就进入了这个课程，并且在讨论中形成了进一步了解"究竟该如何解决这个问题"的愿望。至此，学员完成了从"要他学"到"他要学"的转变。

3. 学会提问

在课程讲授过程中，大多数学员能够集中注意力的时间是15分钟左右。也就是说，如果讲授时间达到15分钟后还不变化教学方式，学员将无法集中注意力，慢慢走神。

提问是最直接也是效率最高的互动方式。提问的目的是引发学员思考，讲师在课堂上的每一次提问都是将思考的主动权交由学员，同时带动教学节奏的变化。当学员开始主动思考，课程就从"讲师想教的"变成"学员想学的"。在授课过程中，提问的方式有很多种，提问也是一个相对复杂的过程，本书重点介绍三个较为高频也较为容易应用的问题。

第一个问题是"有什么"。

例如，案例中有哪些错误的行为？图片中有哪些需要改进的方面？等等。问此类问题的目的，是让学员学习如何识别问题。

第二个问题是"怎么办"。

例如，如果你是他，你会怎么办？问此类问题的目的是引导学员思考"如何解决一个问题"。此类问题是教学中最常应用的问题，主要用于教授学员操作的方法、流程及如何使用工具。例如，在营销活动中，选择哪种营销策略效率最高呢？

当学员针对此类问题完成思考和回答，就会想知道"我究竟该如何去做"，他的注意力也会被集中起来，对于讲师导入后续知识点起到了铺垫作用。

第三个问题是"为什么"。

例如，张凯为什么会成功？李伟为什么会失败？解决这类问题的课程通常以教概念和理念为核心。

当问出此类问题时，要讨论的问题会相对比较偏理念层面。通常此类提问会出现在企业文化、行为规范等课程的讲授过程中。

三个不同的提问，匹配三种不同的教学目的，灵活使用，可以使课程讲授保持顺畅的节奏。

4. 知识点的顺序很关键

通常情况下，内训师是开发课程内容的内部专家，具有权威性，但正因如此，人们往往容易忽略知识点设计部分的另一个关键因素——知识出现的顺序。在一门课程中，知识点出现的顺序决定了学员能记住的内容。人们往往对先出现的知识记忆效果更佳，所以，如何排列课程中出现的知识点，决定了一门课程知识传递的效率。

如图8-4所示，在一门课程中，知识点通常分为what、why、how三种类型。

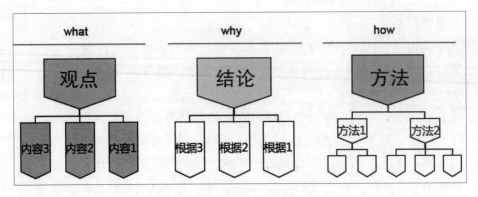

图8-4　知识点的三种类型

　　传统课程在设计上通常分成几级目录。例如，主题—导论—相关单元。在每一个单元中，会基于what—why—how的顺序去讲授内容。例如，"时间管理"课程会按照什么是时间管理、为什么要做时间管理、如何管理时间的顺序排列知识点。

　　在开发课程时，我们通常有一个假设的前提，就是每一位学员都要学习学科知识和系统知识。但这是过去的假设，如果应用到现在的企业培训中会出现问题。当你按照what—why—how的顺序去讲授知识的时候，虽然知识点的逻辑是通顺的，但从学员吸收的角度看却存在问题。因为学员往往在你刚开始讲课的时候精力最集中，但这时你通常讲的是what；学员的注意力开始下降时，你还在讲why；企业课程的重点通常是how，往往当你开始讲解how部分内容的时候，学员的注意力开始不集中，大脑运转变慢，这门课程就很难达到理想的效果。如果我们从知识吸收的角度看一门课程，当最重要的知识点出现的时候，学员的注意力开始分数，那么知识点的编排显然存在问题。

　　现在，企业在开展培训时需要对课程大纲的设计模式做出调整。在案例式课程中，知识点出现的顺序通常是how—why—what。例如，讲师抛出一个案例，学员看完案例之后，最想知道的其实是how，也就是如何去做，当他明确了如何解决问题后，讲师再去讲why，最后解释what，这样的顺序完全符合学员注意力的集散规律。图8-5展示了传统课程与案例课程在知识点呈现逻辑上的差别。

图8-5　传统课程与案例课程知识点出现的顺序

以"时间管理"课程为例，基于案例教学的原则，课程开始会呈现一个冲突感强烈的案例：一位经理人焦头烂额，疲于应对各类事件。结合案例，讲师提出问题"如果你是他，你会怎么做呢"。学员在完成案例阅读、思考后，最想了解的信息是"怎么解决类似的问题"，所以首先应该呈现的知识就是"how"；然后呈现"为什么应该这样解决"，也就是why；最后呈现时间管理的逻辑和定义，即what。

由此可见，调整知识点出场顺序，会让案例和知识之间的联系更加"顺滑"，让学员真正在体验中完成学习。

如今，越来越多的企业重视内训师的培养和内部课程的开发。这也证明，我们已经从盲目地相信外部知识转变为逐步相信自己。但在这个过程中，也遇到不少痛点，例如开展课程开发培训，学员虽然当时完成了任务，但过一段时间又不会做了，也记不住课堂上教授的专业方法论。

过去，提升内训师能力的方法就是让他们适应培训的"专业"，例如呈现技巧、教学设计原理等。但这对他们来说太难了，也缺乏内驱力，除了少数专职从事培训工作的人员，大多数兼职内训师没有意愿去掌握相关的专业知识。

对内训师来说，方法越简单越好，他们讲授课程的关键目的，在于解决问题。例如，华为的培训模式称为"训战结合"，每一门课程，就是一系列业务场景，也就是真实案例。在课堂上培训，相当于在业务一线打仗。这些课程均来自内部，由内训师讲授，就相当于企业用自己的智慧，解决自己的问题。

"课程开发能力"只是内训师的辅助能力，他们的关键能力应该来自内容，而不是教学设计、逻辑串联。如果把辅助能力的门槛定得过高，反而会对最重要的能力产生影响。案例化，对内训师来说几乎是最容易的课程模式，即一个案例、一个问题、一条经验。让别人去讲道理，我们来讲故事，学员将在真实的场景中完成学习。

第九章

萃取+学习项目设计：场景是学习项目设计的起点

经验萃取能够支撑培训工作者的学习项目设计，在过去的培训模式中，常遇到如下问题：

- 老师在台上滔滔不绝，台下却有很多学员在玩手机；
- 企业好不容易上线了移动学习平台，可活跃度始终保持在很低的水平；
- 在年底填写培训需求的时候大家都异常踊跃，可真到了组织培训的时候却没人参加。

这些现象，反复出现在企业中。同时，随着获取信息和知识的方式越来越多样，企业中的培训师处在一个前所未有的尴尬位置。面对环境的变化，回归"解决实际问题"的初衷，才是企业培训的出路。相较于传统的以知识为中心的学习模式，基于真实场景(案例)的"场景化学习"被越来越多企业采用。

下面，我们来看一个案例。国内某传统能源型龙头企业(世界500强)在转型过程中急需培养一批区域经理，来负责在当地进行互联网产品推广。企业大学经过方案设计，为目标学员推出了"leader训练营"培养项目，主要培训课程如图9-1所示。

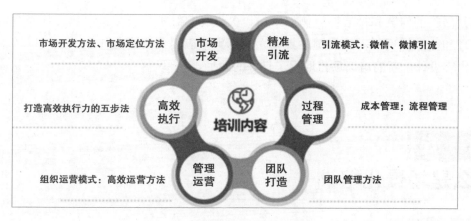

图9-1　"leader训练营"培训课程

但在实际执行项目过程中，看似系统的培训课程效果却并不理想，培训仅开展一期就被叫停，培训部门面临进退两难的境地。

问题出在哪里？如果你是负责人，你会如何做呢？

在对原有培训项目进行复盘后，培训部门明确了新的"场景化学习"项目设计模式，推出了新的培训项目设计方案，如图9-2所示。

首先，培训部门对目标学员进行了新的需求分析。此次分析的重点不是目标学员"需要什么能力"，而是"工作中的高频场景有哪些"。经过分析，发现目标对象的高频场景主要有6个(见图9-2)。由此判断，帮助目标学员明确"如何在6个场景中做出正确的管理决策和行为"是培训的重点。

图9-2　新的培训课程注重场景化

其次，基于关键场景，对培训内容进行重新设计。传统培训几乎都以知识讲授为核心内容。例如，培训团队管理、时间管理，都是将内容聚焦在某一知识领域，但学员在实际工作场景中面临的是复杂情况，很难快速想到可以应用的知识有哪些。而场景化学习设计以场景为核心，将知识、方法、工具重新组合，组合原则就是"能服务本场景面临的问题和挑战"。例如，在"关键客户维护"场景下，包含营销谈判、项目管理和团队管理所需的关键工具，学员可直接应用到实际工作中。通过以场景为中心的内容设计，新的培训项目取得了良好的效果。

第一节
什么是场景化培训

"人才培养=场景×知识"是场景化学习的核心理念。

过去，企业培训大多以知识讲授为中心，很少顾及学员所面临的实际场景。"师傅领进门，修行在个人"就是以知识讲授为中心的典型培训模式。而在知识变得越来越容易获取的今天，我们需要帮助员工去构建一种全新的知识传递方式，也就是以场景为核心，将知识重新打散组合，从而服务于场景。场景就像一个模具，将知识雕琢成全新的模样。

在培训中，可将真实的场景看作一个案例。我们通过案例将真实的场景搬入课堂，通过将知识与场景重新匹配，让知识的转化更为直接。这是适合这个时代的学习方式。

开展场景化培训，需要遵循两项非常重要的原则。

1. 以场景为导向

过去，在以知识讲授为核心的学习中，我们关注的是老师教什么内容；而现在，我们需要思考的是有哪些典型的工作场景、场景里有哪些关键动作、如何设计场景问题方案、明确知识能不能服务于场景。例如，你要为销售人员做培训，你首先要考虑的不是他们应该学习什么知识，而是他们的日常工作场景是什么，围绕这些场景如何匹配相关的知识和技能。

2. 以用户为中心

场景化培训以学员的工作场景为核心，学习内容也会被重新定义。过去，我们认为外来的和尚好念经，倾向于到外面请老师来企业开展培训。而现在，企业普遍认为，培训内容应该更多来自内部。"人人为师"成为开展培训的关键，我们要做的是让组织内部的智慧流动起来。

第二节
为什么场景化学习成为新趋势

场景化学习是指以用户关注的场景为导向，通过在课堂中还原真实场景(案例)，触发学员沉浸式体验及长时间停留的学习旅程。

每一个模式的兴起，总要受特定时代背景的影响。场景化学习模式的兴起，主要受移动互联网时代三大变化的影响。

1.知识越来越"廉价"

笔者曾与一位资深培训师交流，他告诉我，在10年前，自己站在讲台上看到的是学员渴望的眼神，每一个知识点都能激起大家强烈的共鸣，学员乐于学习新知识和新技能。而这几年，他在台上看到的是很多学员在低头玩手机，有些学员只会在老师讲段子的时候才抬起头，更有甚者上网搜集信息和老师抬杠。这位资深培训师不断感慨，知识开始不值钱了。

几千年来，知识从未像今天一样容易获取。现在我们每周通过手机获取的信息量，很可能是几百年前一个人一生获取的信息量。大量的信息充斥在我们的周围，让知识变得似乎触手可及。随之而来的，是我们不再那么珍惜获取的知识。试想，你在朋友圈中收藏的那些曾让你感觉"醍醐灌顶"的文章，是不是再也没有看过？

知识越来越"廉价"成为培训人不得不面对的现状，这也是单纯做一个"知识搬运工"型的培训人已经无法适应组织发展的原因，也许我们首先要做的是让大家重新喜欢知识。

2.筛选和传递知识的方式变得更"值钱"

知识爆炸让"筛选和传递知识"变得越来越"值钱"，也就是说，随着知识类信息越来越多，采用能够筛选有效知识和用户体验更好的方式传播知识变得越来越重要。

现今流行的知识付费，本质上就是对知识传播方式的再造。很多在线学习平台的功能本质上都是帮你筛选有用的信息，用简洁的文字和语音提升你获取认知的效率。这些平台会精心筛选内容，反复打磨输出内容，只是为了你获取它们的时候有更好的体验。

我们已经从知识稀缺的时代进入知识爆炸的时代，人们一定会选择体验更好的知识获取方式。而基于真实场景，进行实战案例分析演练的场景化学习方式，就是企业独特的知识传播方式，也是培训人改进的方向。

3. 知识需要服务于场景

笔者曾经为一家著名汽车经销商提供服务，当时这家企业拥有上千家4S店，在每一家门店中都配备几名"金融专员"，向客户营销汽车金融产品。由于金融产品属于复杂型销售，对销售人员要求较高，培养优秀的销售人员成为企业迫切的需求。当时企业领导就要求培训部门制定详细的培训方案来提升业务人员的销售能力，但是培训部门开展了一系列销售技能、产品知识、客户管理方面的培训后，却收效甚微，只是在无意间开展的一次"经验交流"取得了很好的效果。

于是他们重新调整培训计划，将消费者进店后的行为规划成6个场景，包括进店、询价、试驾等；接下来并没有开展任何培训课程，而是让每个场景下做得最好的业务人员分享经验，每一条经验都是"拿来就能用的干货"，而分享人可以接受听众的"打赏"。通过这种方式，让最直观的经验快速复制传播，企业业绩有了显著改进。

如今，这样的学习方式越来越被企业所采纳。例如，华为要求每一个员工分享案例，业务培训一定要以真实的事件为基础；再如，中广核会把课堂直接搬到场景中。

总结这些企业的做法，核心逻辑就是场景和知识。一切学习都以真实的业务场景为核心，让所有的知识服务于场景，而不是让场景服务于知识。过去我们喜欢讲知识点，然后匹配几个例子，而现在要讲真实场景，知识要匹配场景。场景就像一个模具，知识必须打磨成符合它的形状才能装进去。

以"消费者进店"这个场景为例。过去讲授接待消费者的相关知识时会提到很多因素，例如消费者的类型、销售技巧等，至于学员的学习效果取决于个人理解能力。而场景化学习是以消费者进入门店这个场景为核心，需要快速匹配的是诸如"应该和客户说什么话""与40岁女性客户先聊什么"这些"拿来就能用，用了真好使"的知识。

在这个时代，每个人都需要离"有用的知识"更近，而企业培训中筛选和传播知识最好的方式就是围绕场景这个核心。现在，回过头来看看我们的培训，是不是太关注教了什么，而忽视了真实的场景是什么？当知识变得越来越"廉价"，我们需要创新一种有回应的学习方式。

第三节
基于真实案例的场景化学习项目设计

基于场景化的学习项目设计包括以下几步。

第一步：明确高频场景

明确高频场景是指挖掘某类人群在日常工作当中占其工作时间比例较高的场景内容。例如，银行网点负责人的高频工作场景是日常例会、关键客户拜访、下属任务分配等。当明确高频场景后，就需要分析在高频场景中，目标对象经常遇到的典型问题有哪些。例如，日常例会会议效率低、关键客户拜访效率不佳等。高频场景中的典型问题，就是后续课程设计的基础。一个培训项目，如果能够还原学员工作当中的高频场景，同时匹配的知识工具能解决高频场景中的典型问题，则此项目的落地效果大概率更佳。

在明确高频工作场景时，经常会提出以下问题：

- 刚刚上任的时候，按重要性排在前三位的工作有哪些？这些工作一般发生在哪些场景里？你是如何处理的？
- 在任职初期，在日常工作中，你觉得哪些场景对于你的工作能力提升是非常重要的？为什么？请举例说明。
- 在现在的日常工作中，占据工作时间最多的事项是什么？工作时间一般是如何分配的？
- 在日常工作中，需要团队共同完成的工作任务包含哪些？
- 你遇到过哪些突发事件？当时的情形是什么样的？你是如何解决的？

第二步：开发课程案例

明确高频工作场景后，接下来应在课堂上通过案例还原这些场景。

传统的培训项目会告知学员在未来几天的培训中将学习几门课程，而现在则是告诉学员在未来几天的培训中将经历几个场景。

学员对场景是熟悉的，把场景通过案例还原的方式搬到课堂上，能激发学员的情绪和感知，更容易进入学习状态，学习效果更佳。关于案例开发和教学的内容，在前面章节中已经介绍过，此处不再过多展开。

第三步：匹配知识工具

场景还原后，应根据场景重新匹配知识工具，也就是以场景为核心重新设计教学逻辑。这是一个重新设计课程的过程。传统课程的内容以知识体系为核心，注重知识的系统性，例如讲团队管理，会讲授团队管理的原理、起源、方法等；而基于真实场景的案例式课程，则围绕真实的工作场景对知识工具进行重组。在同一个场景中通常会涉及管理、营销的不同方法，要解决场景问题，就需要重新进行知识设计。

例如，在"处理客户投诉"的场景中，课程内容包含销售谈判技巧、团队任务分解、沟通技巧等。在传统课程中，以上知识点不会出现在一堂课上，而学员想要组合应用这些知识点也完全靠自己的领悟能力。但当培训设计以场景为核心的时候，需要对不同的知识进行重新组合来解决此类场景问题，这也就要求培训项目设计者始终将学员作为中心去思考问题。

再如，过去我们学习"销售技巧"这样的课程，大多数是从营销的基础概念、营销的特点、销售工具认知等以"知识"为中心的内容开始学习的，大家会接收所有来自课程的知识，至于其中有多少知识能解决实际问题，只能依赖自己的思考转化能力，学员很多时候会感觉"听过了很多道理，却依然过不好这一生"。

而现在，课程内容基于实际工作中的真实场景。例如，高净值客户夏总，他的具体资产情况是×××，在我们第一次展示产品方案时，夏总突然发问："这个A产品和另外一家公司的产品很像，我没看出你们的产品有什么特别的地方，但你们的价格却贵出20%，对此你们怎么解释？"如果是你，你会怎么应对呢？当你看到"营销管理的概念"这几个字和看到"这个A产品和另外一家公司的产品很像，我没看出你们的产品有什么特别的地方，但你们的价格却贵出20%，对此你们怎么解释"这句话时，你的感受是什么样的？我想两种感受一定完全不同，后者一定会让你有一种代入的感觉。这就是以场景为学习起点的优势，当你开始代入情绪，学习就更容易产生效果。我们要解决这个场景的问题，不能再一股脑儿灌输知识，我们必须根据这个场景对知识进行筛选和组合。想要应对这个场景，也许需要的知识工具有"处理异议的流程""沟通技巧""产品知识"等，在原来的课程中，这些知识工具是独立存在的，而在这个场景下，可将它们组合在一起，使之成为一门"场景化的知识"。这就是基于真实场景的学习和传统学习的差别。

重新设计知识结构的另一个关键点是"把对的知识给到对的人"。例如，对于很多行业的一线员工来说，他们更需要学习的是"拿来就能用，用了真好使"的直接经验和做法，而不是理论、理念。对于此类型学员，课程重点应该围绕直接做法，就像讲授"把大象关进冰箱里需要三步"时，直接告知学员具体是哪三步即可，不需要告知背后的原理。如果学员是管理者，则需要匹配管理工具、底层逻辑，帮助其举一反三，解决更多的问题。

当培训以场景为核心，将正确的知识和学习方式给到对的人，学习效率自然会提升。

第四节
个人应用场景化学习的自我学习方法

除了企业培训，在个人成长方面，也可以利用场景化学习理念提升效率。

当我们想胜任某岗位或完成某任务时，按照习惯思维，首先我们要提升能力。在传统观念中，学习和思考是一切成长的基础。但事实真的是这样吗？

对个体来说，能力提升和思维改变是一个漫长的过程，而大多数成长来自个体的经历，经历能带来快速的改变。也就是说，提升能力的好方法，是做之前没有做过的事情，从而引发新的思考，其中的关键是"创造新经历"。

"新经历"是成长的重要基础，也是你有时进步快、有时进步慢的原因，"新经历"能带来整体的成长。

学会为自己创造"新经历"，能让你比别人更快速地成长。有时候，你回忆自己过去的一年觉得特别充实，就是因为那段时间你的经历更丰富。

如何不断创造"新经历"？答案是找个最小的可执行的经历单位，并不断为经历加码。比如，你现在想创业，满脑子都是开一家店的想法，但你真正去"完全经历"的成本太高了，你可以把经历单位最小化。首先，你可以去和小区内3家门店店长聊天，不要小看这件事情，这会让很多人知难而退；接下来，你可以约3位在这个领域工作的人聊聊；然后，你可以找一个加盟店研究……你的每一步都在为你创造"新经历"，有了这些"新经历"，你的认知会获得提升。

如果你想成为一名好的领导者，应先表现得像一个好的领导者。

如果你想做个好学生，先去做好学生的行为。

当行为带来了结果，人们会主动思考，这样的思考会更有价值！

将你的任何想法，付诸于实践，才会得到全新的认知。经历比理念更能打动人，没有经历过，没有犯过错，是很难找到正确答案的。你有你的想法，而这个世界有自己的运行规则，这也是场景化学习强调通过案例还原真实体验的原因。

第十章

萃取+复盘：把经历转化为有价值的成功或失败

在企业管理当中，复盘是指对已经结束的工作任务进行回顾，目的是帮助企业员工有效地总结经验，提升能力，改善绩效。尤其是对没有做成功的任务或项目，事后进行复盘，总结原因，找出实施过程中的问题，吸收经验和教训，有助于改进管理。而萃取+复盘，是对已经发生的真实事件(案例)进行总结，提炼经验，并对未来进行洞察的过程。

过去，大多数会议都是基于问题进行讨论，相对缺乏具体情境的会议让与会人的思维较为发散，导致会议效率低下。这是因为与会者脑海中缺乏一个相互关联的画面，大家只是各自思考。而用案例复盘的方式开会，就可以让大家聚焦到同一个场景中，问题也就会更具体。此外，事实是验证议题的重要标准。例如，A银行在年初会议中明确方向，在年中会议中找到具体案例进行分享和交流，从而验证计划的实施，这样也更有说服力。

第一节
萃取+复盘的适用性

1. 萃取+复盘适用的会议场景

基于案例的会议复盘通常需要充分的时间进行场景还原和讨论，所以会议时间通常在3小时以上。比如，专项复盘会(含团队复盘、项目复盘、组织/战略复盘)、部门例会、学习交流会、工作汇报/总结会、专题讨论会等。

2. 案例要求

若使用案例作为复盘载体，案例必须是契合会议主题的典型事件。例如，银行网点如何开展厅堂营销、如何落地某产品政策等典型事件。实施者应将事件发生的背景、所面临的挑战及应对措施、心得总结进行提炼，并传达给与会者。

3. 萃取+复盘的原则

(1) 案例必须是已经发生的事情，属于过去式。

(2) 与会者最好亲身经历该事件或项目，应由案例当事人向与会者陈述案例。

(3) 以学习为导向，从经验中学习，获得启发、见解，拓宽眼界，提升自身的能力，提高个人有效行动的能力，并落实到行动上，检验后续行动是否更加有效，从而实现绩效的改进和提升，而不能仅仅停留在"明白这样做不对"的层面或者停留在"推演、假设"的层面。

第二节
案例复盘操作流程

案例复盘操作流程包括4个阶段，即回顾目标、评估结果、分析原因、总结经验。

第一阶段：回顾目标

回顾目标即对最初定下的目标进行回顾。例如，复盘一个工程项目，需要先让与会者回顾项目的预算、周期等目标，确保与会者对目标达成共识。很多人觉得复盘这一步多余，因为项目目标大家都知道，为什么还要重新确认呢？

事实上，"大家都清楚项目目标"是一个常见的认知误区。很多团队回顾分析某个项目时，往往最后会发现每个人对项目目标的理解大相径庭，所以确认目标是关键。目标一定是客观的信息，符合SMART原则，大家可以达成共识，而不是个人主观的认知。例如，"通过努力提升市场占有率"，这种表述只是目的而不是目标。目的会让我们的理解出现偏差。例如，什么叫努力？见更多的客户还是存更多的货？什么叫提升？提升30%还是提升50%？这些偏差会造成大家理解不一致。如果一开始就出现理解偏差，大概率不会取得好的结果。

复盘的第一步就是保证大家对目标的理解一致。如果大家对目标的理解不一致，则证明此项目最大的问题可能出在目标设定上，那么即便执行层面再努力，也无法改变目标不一致造成的影响。

第二阶段：评估结果

明确目标后，需要评估项目结果，看看有哪些亮点和差距。例如，上个月只完成业绩指标的80%。那么很明显，不足之处首先是还差20%没有完成，造成这种不足的原因可能是大客户数量减少、市场活动次数减少、产品供货出现问题等。但请注意，并不是所有的不足都需要改进，在项目推进中我们经常陷入一个误区，就是想解决所有问题，想解决所有问题往往就是最大的问题。笔者通常会让大家列出所有工作中的不足，最常出现的不足才是我们需要改进的地方。例如，在上面提到的案例中，最大的不足之处在于大客户数量减少，那么大客户数量减少才是核心问题，才是我们需要改进的地方。

第三阶段：分析原因

分析原因，可以通过鱼骨图进行，如图10-1所示。图中加粗字体标明的是在我们找到所有原因之后同样要聚焦的主要原因，通常我们应该把关注点放在我们可以改变的事情上。例如，进店客流减少是我们可以通过努力改变的问题，但激励机制、价格受到很多因素的影响，不是一个经营单位可以改变的。在分析这个环节，我们的主要任务就是要将关注点放在那些我们可以解决的问题和原因上。

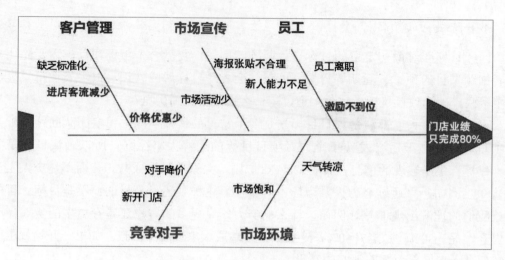

图10-1　通过鱼骨图找原因

第四阶段：总结经验

在这一阶段，需要解决刚才提到的"可以解决的主要问题"。先进一步分解问题，找到最小可执行单位，从最小可执行单位入手，找到解决方法。

例如，我们要解决的问题是如何提升客流量。这属于典型的"较难问题"，通常需要经验、能力的支撑，但如果将问题进一步拆解为电话邀约100个客户，问题马上从较难问题变成"大多数人可以做到的事情"。所以说，将问题拆解到最小可执行单位是这一阶段的关键。我们的目标不是总结一堆正确的废话，例如"以客户为中心""坚持、努力"等，我们的目标是找到那些"拿来就能用，用了真好使"的方法。

第十一章

萃取+人才评估：
让人才培养
有"案"可依

萃取的工作场景和案例可用于人才评估工作的落地。作为记录真实事件的载体，案例被越来越多的优秀企业用作人才选拔与测评的工具。人才的晋升评估，需要通过案例来证明经验；现场的培训成果，需要代入真实的案例进行二次评估。通过案例，可将人才评估与实际工作场景紧密结合在一起。目前，萃取+人才评估主要应用于干部选拔及培训测评两个方面。

第一节
基于案例模式的干部选拔

在众多优秀的企业中，除了将绩效成果、个人素质作为干部考核的关键因素外，"实战经验"同样是选拔干部的关键要素。"宰相必起于州部，猛将必发于卒伍。"丰富的实战经验是实力的最好证明。

1. 华为应用案例评估干部

华为在晋升员工时，首先会关注员工的绩效表现，优先在成功实践和成功团队当中选拔干部。其次会关注员工的相关经验，如果员工缺乏相关经验，不会得到晋升。例如，要晋升一名产品经理，会非常关注他有没有在产品线和研发部门的工作经历或者管理经验。

华为的员工岗位说明书上都会载明"经验地图",所有员工都需要通过案例等方式记录和还原岗位经验,作为人才晋升的重要考核部分。"经验地图"包括业务经验、管理经验、区域经验等。例如,一名候选人过去在某岗位主线上工作,如果要晋升二线经理人,华为会关注他是否管理过员工、此前的管理经验如何。

"经验的浪费是最大的浪费"是华为人才管理的重要准则。

员工如果想得到晋升,应如何证明自己足够优秀?可以通过案例来证明。

例如,员工想要从4级专家晋升到5级专家,可以列举一个具体的案例。在这个案例中,他所做的工作内容达到了5级专家的岗位要求标准。

被考察的干部提交案例后,首先要由主管确认它的真实性,再进行管理层盲审。被考察者要做的工作就是把案例写好。

华为的员工会拼尽全力完成一个好案例,这样的案例华为每年会收集到数千个,目前全公司已经收集到几万个类似案例。这些案例不仅可作为验证干部工作经验的依据,还能促进组织内部经验流动,很多干部在工作中遇到困难需要解决的时候,就会查询这些关键案例并学习经验。

通过基于案例的人才评估模式,华为实现了组织内部的经验流动,打破了个人的"经验孤岛",初步成果就是实现了个人经验显性化。这些经验在组织内部流动之后,提升了组织能力,促使所有人都向最优秀的员工看齐,积极学习优越的方法。该模式也成为华为推动组织能力建设的重要抓手。

2. 一汽集团基于案例模式的人才选拔

在一汽集团,通过案例还原实战经验已经成为选拔处级干部的重要模块。例如,在选拔干部时,首先在内部明确数百名目标候选人,接下来通过4个步骤,用近半年的时间对候选人进行层层选拔和培养。其中一个重要的选拔环节是经验复盘,候选人需要通过经验复盘证明其能够胜任职位,而证明经验的关键,就是案例。

首先,候选人需要在此环节完成自我实战案例的解读分析,向企业领导及相关评委呈现案例,用实际工作成果证明其能够胜任。其次,候选人要根据"案例微笑曲线"来还原真实事件,通常以PPT的形式呈现,重点还原事件中的关键冲突,也就是遇到的挑战和问题。

完成经验复盘的候选人,不仅作为被考察者完成了一项案例复盘任务,更为关键的是,还学会了一种工作方法——用案例来记录岗位实践,证明项目成果。很多宝贵的工作经验过去只是工作报告中简单的几句话,经过经验复盘后,这些工作经验的价值得以显现。

一汽集团通过这样的评估方式,收集了数百个真实案例,为企业沉淀了宝贵的组织财富。

第二节
基于案例的培训测评

基于案例的培训测评是一种被广泛应用的评估模式。传统的培训评估倾向于获取"听过课"的证据，例如对学员进行知识点考核、现场反应评估等；而企业学习的目标是解决问题，如果脱离实际工作场景进行评估，也就是把上课本身当成目标，评估很可能变成一场演出。

基于案例的评估可以有效地将评估与教学串联起来，达到评估与教学设计保持一致的效果。用真实的场景进行测评，可以最大限度地还原工作情景，从而避免由于对测评场景不熟悉而产生的偏差。在过去的测评中，不管是线上还是线下，大多数被测试者回答的都是和自己平时工作关联性不高的测评题，他们很容易因为"自己觉得这个是对的"而不是"实际会怎样"去进行选择。而在真实场景的测评中，学员接触的是日常工作中出现的问题，如果他的处理方法和日常表现不同，他一定会有不自然的表现，而随着时间的推移，他一定倾向于回归自己最真实的状态。

1. 中广核基于案例场景的测评

中广核新能源公司将"案例场景式测评"作为基层管理者培训后的重要评估模式，受训学员经过统一的管理技能和专业技能培训后，统一接受基于真实场景的现场测评。学员首先抽取一张任务卡，依据任务卡的内容做出现场反应和模拟处理流程，测评人员对其行为做出判定并评分。

在每一个场景中，皆包含任务卡、评分标准等内容，保证每一名内训师均可以操作测评。该测评开发难度相对较低，可以通过收集综合意见来增强信效度。围绕本次测评，共收集数十个管理场景，覆盖85%以上的基层管理者日常工作内容，真实反映企业实际管理场景，每名学员随机抽取任务即可参与测评。

例如，为了测评学员在管理会议场景中的反应和表现，学员现场抽取关于组织会议的任务卡，任务场景为"周一例会要对5名下属上周的工作表现进行反馈"，同时获取关于5名下属的背景信息。学员需要在规定的时间内准备并实施会议，由同组学员根据任务卡扮演相应的下属角色，明确任务要求。内训师根据学员的现场表现进行打分。

在模拟结束后，内训师对学员表现做出反馈。

通过基于真实场景的测评，可最大限度地考察学员在模拟真实场景中的反应，同时将知识和场景进行串联，保证学习和应用的无缝衔接。

在操作类似项目时，有两点需要特别注意。

(1) 明确测评维度。在设定测评场景前，需要先明确评判标准究竟是来自理论方法还是内部标准。理论方法是指运用理论模型对某种场景进行评判，例如运用GROW模型对员工辅导场景进行测评；而内部标准代表企业内部对于某种行为的要求，例如参考素质模型、制度标准对某种行为设定评判标准。

(2) 设定测评场景。明确测评是在一对一还是一对多的场景中更容易实现，同时应明确引发测评的典型冲突以及这些典型冲突在实际工作中发生的场景。

经过以上两个步骤，基本上可以形成一个测评框架。

2. 某IT公司的案例测评题

某IT公司对基层管理者进行培训，因为该公司更希望获取管理者在本公司管理场景中的表现数据，了解培训前后的对比，所以并没有采用标准化的测评结构，而是基于真实业务场景重构了测评内容。

测评人员围绕目标对象人群，挑选部分常模作为调研对象，调研重点围绕"场景"这个关键词，了解调研对象在目前岗位上最高频的管理场景有哪些(例如面试、分配工作任务等)，以及在这些场景中的典型挑战有哪些。基于场景的经验萃取，明确此公司管理者的高频场景，而测评内容的开发，就是基于这些高频场景。

测评题大多与日常工作中的高频场景相关，因为面对的是真实的管理场景，调研对象在测评中更容易产生代入感，也更容易呈现真实的反应。

案例1就是该公司测评题中的一道。

案例1

场景：

一天下午，赵凯正在工位上工作，刘华走了过来，说："老赵，你们部门的刘斌是怎么回事？大错小错不断啊！"刘斌是赵凯的师弟，经赵凯推荐进入公司。赵凯升任经理后，对刘斌寄予厚望，希望他能承担更多技术支持工作，支持销售扩展的需求。只是新上任的赵凯没有时间对刘斌进行指导和培训，且最近公司层面的培训也较少。

赵凯听到刘华的话还有点纳闷儿，也许刘斌的业务水平不高，但也不至于低到被其他部门投诉的程度。刘华看他不相信，便打开自己的笔记本电脑翻出邮件，说："老赵你看，你看看刘斌是怎么处理问题的？"他指着发给客户的邮件和自己收到的邮件，说："两封邮件内容驴唇不对马嘴，这幸亏让我发现了，否则肯定要返工。"

被其他部门的人当面揭短，赵凯感觉颜面尽失，他找到刘斌，大声批评："要不是研发部的刘经理告诉我，我还不知道事态这么严重，你到底是怎么想的？当初我对你抱有这么高的期望，你就是这么工作的？"刘斌觉得自己很委屈，工作任务越来越难，但公司并未提供帮助，他大声反驳："师兄，你是觉得我工作态度有问题？我天天加班你又不是没看到？"

这次交流，两人不欢而散。赵凯忙于工作，并没有关注刘斌心理和思想的变化，两人的沟通逐渐变少，慢慢从朋友变成陌路。刘斌觉得，自己努力工作却得不到认可，工作积极性不断下降，出现的问题越来越多。

问题：对于赵凯，你会给他什么样的建议？

A. 员工需要打击和挫败，过些日子他自己就好了

B. 应该先肯定员工在工作过程中付出的努力，再谈工作结果

C. 做好同级之间的沟通交流，不要当面和刘华谈下属过错

D. 主管应与员工保持一定距离，避免与员工过分亲近

经过测评得出的结果没有对错之分，只是为了反映公司基层管理者整体的管理倾向以及个人的一些管理行为倾向。基于这些测评结果，重新梳理典型场景、关键冲突，可形成全新的管理培训课程。在这些课程中，学员围绕真实的管理场景分析问题，讲师围绕真实的管理场景教授知识，使学习过程基于真实的问题，有助于提高针对性，达到事半功倍的效果。

培训完成后，再次围绕场景进行测评，可掌握培训前后的变化，从而得出真实的评估效果。在整个项目中，员工在真实场景中的真实反应贯穿其中，这有助于HR部门获取相对真实的评估数据，为下一步开发培训内容打下基础。

目前，将案例应用于人才评估工作的模式尚处于多方探索阶段，暂时没有形成指导性的流程或方法论，但将真实场景与评估相结合的模式已经成为人才评估的发展趋势，将会得到越来越广泛的应用。

第十二章

萃取+业务改进：用成功复制成功

作为促进关键业务经验在内部流动的载体，案例同样可以在提升业务效率方面发挥作用。"民间"往往存在大量的有效经验，这些经验相比培训课程中的知识，更能直接解决问题，但由于种种原因，很多时候这些经验无法被外人看到。通过有效的方式推动业务经验的流动，可以进一步提升某些环节的业务效率，从而带来业绩上的改变。例如，某银行信用卡团队曾在内部开展"top30—3000"的经验复制项目，通过挖掘30位优秀员工服务客户的典型案例，将经验快速传播复制给3000名同岗位从业人员，通过经验复制，带动整体业绩增长超过30%。

哪些经验值得挖掘？如何推动经验快速复制？这是本章将要呈现的内容。

第一节

找到组织的"关键经验曲线"

对组织来说，现有的业务模式、组织文化都来自过去的经验，只不过有些经验显性化，例如业务流程、工艺标准；而有些经验则在潜移默化中发挥作用，例如行为标准、沟通风格等。在现实中，企业往往不能清晰地认知经验的存在，造成经验大量浪费，例如犯过的错误再次犯、做过的工作重复做。组织只要避免重复犯错，就可以提升效率，而关键动作就是要找到组织的"关键经验曲线"，以此带动业务效率的改进。

什么是"关键经验曲线"？"关键经验曲线"的概念最早来自制造业，它用于反映生产经验积累和付出成本之间的关系。一条经验被利用的次数越多，那么由这条经验产生的成本就会无限降低，效率就会更高。

对组织来说，找到自己的"关键经验曲线"，并在这条曲线上不断产生效能，是改进业务的关键行为。

同样需要认知的是，并不是所有经验都是"关键经验"。只有那些能构建组织竞争优势的经验点，才能称为关键经验。例如，"双11"是淘宝的关键经验点，"跨年演讲"是罗辑思维(知识服务商和运营商)的关键经验点，"亲嘴打折"是西贝莜面村的关键经验点。将这些经验点有效提炼和复制，有助于企业明确关键经验曲线，带动业务效率大幅提升，从而起到撬动组织绩效改进的目的。

例如，国内某连锁巨头企业，其当年的核心战略是在全国范围内开5000家门店，而作为支撑战略落地的重要步骤，挖掘和传播关键经验发挥了重要作用。实施战略的第一步，是明确在开店过程中由6个关键场景构成的曲线。也就是说，在任何区域开发门店都要遵循这6个关键场景的模式，将已经成功的店面在6个场景下的关键经验进行复制，从而为将要开店的区域提供参考价值。锚定关键经验曲线后，在每个场景下找到经营效率最高的门店，并进行直接行为提炼。所谓直接行为提炼，是区别于理念提炼的内容提炼，也就是关注"做了什么"，例如旺季营销、联合营销等，而不去过多关注"想做什么"。当直接行为足够多，大范围的传播和复制就能产生价值。

对于离消费者更近的行业，例如连锁行业、金融行业、房地产行业等，业务人员提升业绩最好的方法不是冥思苦想和埋头苦干，而是模仿高手。在关键工作行为相似度很高的岗位(如销售)中，通过复制有效经验，可以促进业务上有效行为的产生，而有效行为往往来自经验更丰富、业绩更出色的"牛人"。

第二节
如何开展基于经验复制的业务改进项目

完成业务改进项目，通常需要经历以下3步。

1. 选取典范员工

用成功复制成功的第一步是找到值得挖掘的人，也就是典范员工。例如，业绩优秀的销售人员、技能领先的服务人员等。通常情况下，典范员工被认为等同于业绩最好的员工，但实际情况并非如此，很多企业中的顶尖业务人员，反而不具备复制的价值，因为他们通常具有无法复制的特质。笔者曾经接触过某金融公司的顶级销售人员，发现其从小就通过父母接触大量的高层资源，因而训练了与高端人士打交道的能力，显然这样的人并不具备复制的可能。

典范员工通常具备以下特质。

- 业绩属于排名前10%范围之内，主要靠自身工作能力而非外力取得成功。
- 愿意配合。配合程度较为重要，愿意分享是一个非常重要的前提，内驱力是一种很难被影响的因素，所以必须选取具有分享意愿的人。

接下来需要做的工作就是宣传造势。你很难通过物质激励典范员工，所以必须学会通过精神激励的方式让典范员工分享经验。例如，我们曾在某金融公司销售团队中选出top30员工，在公司范围内进行宣传，将top30员工打造成"牛人"的代名词。当典范员工感受到被关注，就会被激发出分享的欲望。

2. 提炼关键要素

这一步很关键。很多组织都尝试过提炼业务人员的关键经验，但最终效果不佳，通常是因为双方沟通经常不在一个频道。很多时候，你拿着最新的模板和工具，却无法从业务部门那里获得最有用的经验；你试图提炼一个套路，却只得到一堆废话。有很多开展过类似项目的负责人会抱怨萃取业务经验是一件很困难的事情，得到的反馈基本都是"以客户为中心""通过努力达成目标"这样正确的废话。

事实上，在提炼有效经验的过程中，再好的模板也不如"说人话"。例如，你请对方分享"理念类"经验，就不如直接问他们"你在和上一个客户沟通的时候，他拒绝了你提出的A方案，你为什么不离开呢"。在提炼关键要素的阶段，需要提炼者保持与业务部门一致的语言风格，所以需要首先明确你们公司的最小经营单位是如何运作的。通常情况下，一家企业的核心理念大多来自最小经营单位。例如，银行的最小经营单位是网点，零售业的最小经营单位是门店。你要清楚这些单位是如何运作的。例如，一家门店的运作流程通常由顾客进店、现场营销、异议处理等环节组成。这条业务链构成了经营单位的经营模式，在这条业务链上的经验才值得挖掘。这条业务链是我们和业务人员的共同语言频道，双方的沟通要点应是"业务链中的哪个环节"而不是"我要萃取你的经验"。

明确业务链之后，你需要考虑的就是设计问题，这些问题一定是别人可以回答的，没有专业门槛的问题。例如，你进店后通常是如何和客户打招呼的？当然，并不是所有的经验都可以通过提问来提炼，实地观察也是一种有效的方法，因为行为不会说谎。

3. 快速传播复制

有效经验能否落地，是能否达到萃取效果的关键。在这一步，最重要的是找到经验可以快速传播复制的应用场景。通常，提炼出的有效经验，最好能在经验接受者熟悉的场景中传播。例如，业务经验可以在晨夕会上分享，也可以通过常规培训班进行传播。尽量不要重新创造一种传播方式，例如新的线上课程、新的培训项目等。对于经验接受者来说，影响学习效率的往往是新习惯，建立新习惯的效率往往不高，而将经验植入员工熟悉的场景，相对有助于员工吸收经验。

例如，一家银行有大量网点及客户经理岗位，在业务变化快速的今天，他们会接触到新的客户和需求，会逐渐形成自己的经验。这时候，如果在他们需要的时候及时提供有效经验，必然促进整体绩效的改进。这时候，就必须找到一个日常工作场景来植入有效经验，因为被动地等待员工去查询，很难将经验用起来。将经验分享作为关键动作，有助于加速经验的流动。

为经验找到可以应用的场景后，不要指望员工会去主动应用，还要为他们找到一个应用的理由。比如，华为打造了一个搜索系统，员工遇到任何问题时都可以通过该系统搜索到别人的案例。"遇到任何问题时"就是一个靠谱的应用场景，能让大量的经验得到再利用，同时产生新经验。

第三节
打造经验闭环

想让关键经验长期发挥价值，不能依靠组织内部强行推进，企业可尝试打造一个关键经验从产出到应用的闭环，让经验自发流动。

华为是中国企业经验应用的代表，其内部的案例和经验萃取成果最终都会落到一个业务闭环中。例如，个人工作经验可以通过评分机制和分享机制自发流动并得到应用，关键项目经验通常应用于岗位评价和培训教学中。每一条经验都不会被浪费，才是成功复制关键经验并使其产生长效价值的基础。作为负责人，你需要通过打造经验闭环让案例和经验自发流动。

打造经验闭环，应遵循以下原则。

(1) 简单性。越是需要大范围应用的经验，应该越简单，降低使用的门槛，以便让更多的人参与进来。华为的"一事、一问、一得"，就体现了将经验提炼简单化的原则。

(2) 应用性。应先想好怎么应用经验，避免提炼的经验无法产生价值的情况发生。

(3) 逐步推进。由点到面，逐步开展，才能打造真正的经验闭环，直接全面开展经验应用往往会无疾而终。

好经验很难一次性萃取完毕，经验是会自动进化的，如果增加内部经验流动的机会，好经验会自然而然地慢慢出现，员工也会慢慢知道自己需要什么样的经验。

我们曾为某快消企业做过内部线上经验分享，让那些奋战在一线的店长代表每周在线上分享一些"干货"，我们对干货的定义是"拿来就能用，用了真好使"，而其他店长如果想收听，每次需要缴费4.99元。通过这样的方式，促使大家"用注意力投票"，也为分享人带来了实实在在的好处。由此激发了大家源源不断地分享好的内容，而产出的经验也大大超出预期。所以说，我们应该让经验流动起来，让它自己成长为我们想要的样子。

作为"平台方"，我们要做的是搭建平台，打造经验流动的场景，而不是向员工灌输复杂的技术。通过有效机制传播经验，能让这一分享机制迸发出意想不到的生命力。

第十三章

企业案例体系建设

随着组织经验萃取工作在企业内部落地，部分标杆企业构建的案例体系、案例库等系统已成为组织内部知识管理的重要构成，支撑内部经验的传承与流动。

第一节
案例体系搭建步骤

组织要搭建案例体系，究竟该做哪些方面的思考？企业案例体系框架如图13-1所示。

图13-1　企业案例体系框架

企业搭建案例体系，需要从4个层面进行思考和建构，分别为价值体现、应用场景、能力支撑和平台机制。

1. 价值体现

企业搭建案例体系，首先需要思考此体系在组织业务链条中会产生怎样的价值。例如，华为的"经验收割体系"明确指出，促进组织智慧流动是为了让业务经验可以快速传播，从而支撑一线业务的开展。再如，国家电网在早期搭建案例体系时，以"教学"作为切入点，通过打造新的案例教学模式，促进培训效能提升。

助力一线业务开展、改进培训效率、推动文化落地，这些都有可能是案例体系的价值切入点。不同组织的业务链不同，培训部门与业务的链接方式也不同。找准自己的切入点，定位清晰的价值体现，是推动案例体系搭建的第一步。

价值体现不可贪多求全，聚焦某一点是大多数案例体系搭建成功的基础，而轰轰烈烈地全面开展活动大多换来的只是一地鸡毛。《孙子兵法》有云："故备前则后寡，备后则前寡，备左则右寡，备右则左寡，无所不备，则无所不寡。"

2. 应用场景

前文曾反复提到，有效的落地场景，才是推动组织经验萃取落地的关键，脱离了场景谈萃取，只能是空中楼阁。

培训、会议、营销、检索……聚焦对组织来说高频且有效的场景，是搭建案例体系的重要基础。当场景明确后，经验萃取甚至可以通过自运转的方式展开。

3. 能力支撑

在明确了萃取体系的价值和应用场景后，才需要考虑"如何开发案例"的问题。关于萃取的方法和流程，前文已经介绍，在此需要强调的是，企业开展经验萃取工作，最终需要沉淀出符合自身业务特点的方法论及模板，例如华润的"群策群力6步法"、华为的"一事、一问、一得"，均是结合企业自身业务特点进行的有效方法总结。

作为经验萃取工作的发起者，需要将内部业务专家萃取经验的成本降到最低。笔者曾见过一家制造业企业，推动一线人员贡献案例的方式就是"随手拍照，一点改善"，也就是用拍照的形式记录生产端的一点改善。笔者也曾见过另外一家连锁企业，让门店员工通过微信语音分享服务客户的小案例，其他人可以进行打赏和评价。这种简单、易用的方式刺激了参与者的积极性，使越来越多的人愿意分享自己的心得，从而促进了案例的涌现和经验的流动。

4. 平台机制

在前面3个层面的基础上，搭建内部经验传播平台及机制，是支撑萃取工作落地的重要"底座"。搭建完整的支撑案例落地的平台和机制，需要解决以下2个关键问题。

(1) 员工为什么要提交案例

这是在机制层面要解决的第一个问题。一个对组织再有价值的项目，如果员工看不到这个项目和自己的关系，那么这个项目就很难落地。对于这个问题，笔者个人的经验是"借力大于用力"，也就是说，借助已有的机制流程，将案例模式嵌入其中，远好过于从0到1再造一个新机制。搭建机制并不复杂，但落地和传播往往需要花费大量的时间和精力。

例如，在华为，"每个人都需要提交案例"已经成为华为员工任职资格体系的一部分。再如，在一汽集团，选拔后备干部的一个重要依据就是员工能分享和贡献在过去岗位上的最佳实践案例。这些机制都推动了组织高质量案例的产生。又如，A银行会组织管培生对即将退休的老员工进行案例收集采访，一方面，为组织沉淀这些老员工的经验；另一方面，管培生在采访过程中也获得了成长。

(2) 案例如何传播和反馈

提交案例后，应明确能否及时得到反馈，能否得到有效传播，是否有平台可以传播和分发有价值的案例和经验。

例如，在华为，每个案例都会在内部系统中展示，其他员工可以点赞或分享。再如，在人保集团，最佳实践案例的作者可以向领导汇报。这些机制促使案例可以快速地流动传播，从而让经验真正流动起来。又如，在某央企企业大学，已经开始尝试用人工智能技术将案例进行智能分发。

组织经验的价值在于流动，与技术相结合的分发方式，能最大限度地保证经验的传播度，同时能进一步提升经验贡献者的参与度，毕竟人们都更愿意为自己可以看到反馈的事情去努力和投入。对于提交案例的人来说，"被看到"往往是比奖励更有效的激励措施。

第二节
推动组织经验萃取的思考

1. 单点突破

在企业中推动组织经验萃取工作时，切忌在开始阶段就贪多求全。本书提到了很多企业开展萃取工作的经验，每个成功推动组织经验萃取工作落地的企业，均是从有效的"点"切入，从而逐步带动体系的建立。例如，华为的萃取工作源于重大项目的案例复盘，A银行以培训班作为切入点逐步搭建了案例体系。

在大多数情况下，企业内的业务部门及相关方了解组织经验萃取的价值，但同时也认为这是一项重要但不紧急的工作。因此，如果在开始阶段，员工接收到过于复杂的信息或要求，容易影响参与度，而单点突破更容易呈现组织经验萃取的价值，比任何说服都更有效。

2. 建立闭环

建立闭环是指推动组织经验萃取工作落地时，要有明确的应用场景，且此场景与萃取工作相关方高度相关，能够满足其需求。例如，华为建立的"员工产出经验—上传平台—经验供其他员工阅读—自己也可以学习他人经验"的萃取闭环，可以促进内容的自生产和传播。

组织至少需要建立一个明确的萃取应用闭环，并且此闭环最好围绕真实的业务流程，而不是单独进行创造。例如，将经验萃取和分享植入日常例会，有助于经验的流动，可使萃取的经验在组织中的生命力更旺盛。

解惑篇

组织经验萃取
常见问题解析

第十四章

企业推动组织经验萃取落地的常见问题解答

第一节

如何找到业务发展中的好案例、好经验

"如何找到业务发展中的好案例、好经验"是一个高频问题，也是一个比较难回答的问题，难回答的原因在于这个问题不够具体，过于宽泛。通常情况下，对于这类问题只能给出概念化的答案。例如，提问"如何过上幸福的生活"，答案可能是找到生活的意义，努力、勤奋等。

所以，要回答"如何找到业务发展中的好案例、好经验"这个问题，我们需要把它分解成几个小问题。

小问题1：业务发展的需求是什么？

不同类型的企业，其业务发展需求可能完全不同。通常我们会采取抓取关键词的方式来明确需求。

例如，互联网企业的关键词可能是"用户增长"，银行的关键词可能是"高净值客户的获取与维护"。找到关键词，通常就找到了开展萃取工作的抓手。

小问题2：好案例的来源是什么？

大多数情况下，好案例来自高绩效员工和普通员工的差距，或好项目与普通项目的差别。案例萃取，要么找"牛人"，要么找"牛事"。

假设一个人一天能开发20位客户，而大多数人只能开发8位客户，那12位客户的差距就是好案例的来源。

小问题3：什么是好案例？

对于企业来说，并不存在绝对的好案例。如果非要给好案例下一个定义，笔者认为，有效的案例才是好案例，而有效的评判标准包括成本低、流动性好。

所谓成本低，是指其他人能用最低的成本还原案例。例如，一位门店店长分享的工作步骤；一名生产专家提供的设计图。人们只会在完成成本较低的情况下贡献更多、更好的内容，否则只会去关注如何完成领导安排的工作。

所谓流动性好，是指要有更多的传播和应用场景，让更多的人看到。一个案例的价值在于它可以被用多少次，如果有足够多的场景能让案例经验流动起来(比如分享、线上直播、编制案例集等)，案例就能发挥最大的价值。

第二节
如何通过线上模式开展经验萃取工作

线上萃取项目通常采取线上直播+辅导的模式进行落地。图14-1为通用版本的线上萃取项目全景图。通过线上直播+辅导的模式，可帮助萃取对象学习方法、沉淀产出。要开展好萃取项目，前期的准备、过程的运营非常关键。以下是笔者总结的开展线上经验萃取与案例开发项目的关键点。

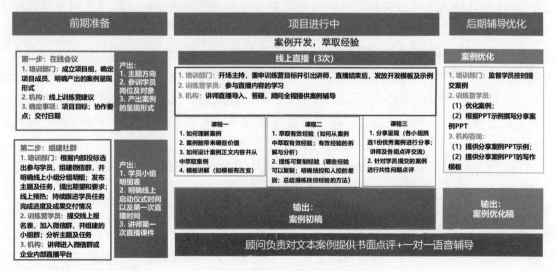

图14-1　线上萃取项目全景图

1. 前期准备

(1) 明确直播模式。直播模式是指学员与讲师分别通过什么方式收听直播，最好学员和讲师上线直播的方式是一致的。例如，两者都是通过自己的终端设备(手机、电脑)在同一时间登录直播。基于笔者的经验，如果讲师单独登录，而学员却集中在某个会议室内通过投影等方法同时收听，效果不佳。因为这时学员进入了一个物理场域，而讲师在线上无法控制这个物理场域，会影响学员对内容的吸收。

(2) 明确萃取主题。能否选好主题是萃取能否成功的关键，尤其是线上萃取，因为无法集中讨论，就需要保证学员在看到主题时脑海中能浮现出一些有效经验，不必对主题进行过多解释。

因此，选取的主题应尽量具体一些。例如，提问"如何过上幸福的生活"，大多数人可能无法回答，而且解释题目的成本也很高，但如果问"如何做到每天早上7点准时起床"，就会有很多经验可供参考。

所以，选择正确的主题，让萃取对象感觉"有干货可以分享"，是前期准备的关键。

(3) 选取有效的模板和范例。线上萃取的短板是无法进行集中共创和讨论，所以模板和范例尤为关键，它们的作用是保证大多数人能产出合格的内容。

网上有很多通用的案例开发模板，但笔者认为，这些模板不能拿来就用。每个组织都应该有属于自己的特色模板。假设企业的主营业务是以项目制开展的，那么模板应重点强调还原事件过程；假设企业属于消费品行业，主要从事面向终端的业务，那么模板应该是轻场景(也就是事件过程)、重经验的。由于大多数伙伴完成案例萃取的初稿不是基于方法论，而是参照模板，模板和范例在线上开发中尤为重要。

2. 项目进行中

(1) 直播植入方法及模板。线上经验萃取与案例开发通常会通过2～3次的直播进行方法植入，每次40～60分钟，每次直播间隔1周左右。第一次直播，通常会导入方法框架和解读模板，最好是基于模板和范文讲解如何填写，课后让学员提交初稿。第二次直播，着重于如何萃取有效经验。由于学员产出的初稿内容通常情况下在经验提炼部分比较弱，此阶段需要结合初稿，融合方法论，解读如何把正确的废话变成干货。最后一次直播，可以找2～3名优秀案例作者进行分享，帮助其他学员了解优秀案例的内容，同时结合优秀案例再进行修订反馈。

之所以对直播阶段做出如此划分，主要是因为学员在线上学习注意力集中度有限，通过过程辅导配合才能保证线上产出的效果。

坦白讲，线上项目对组织者的运营要求要远高于线下项目。

(2) 在直播过程中进行辅导和反馈。我们常说，好案例不是写出来的，而是改出来的。相比直播而言，线上辅导更为重要。通常情况下，结合直播，会有2～3次一对一辅导沟通。

一对一辅导沟通以回答问题和反馈修改建议为主。例如，学员完成一篇销售案例的初稿，在一对一辅导时，需要让其还原案例过程，以及其中的关键细节，具体包括如何与客户沟通、为客户准备的方案包含哪些内容等通过提问，可以激发学员对相关事件的进一步回忆和思考。

在这个过程中，可采取嵌入式点评的方式，有针对性地将修改意见嵌入每篇文稿中，以帮助学员直观地了解要修改的内容细节。

(3) 确保萃取项目的成功率。每次萃取的成果，从产出质量来说会呈现正态分布的特征，也就是说，会有10%的内容较为优秀，也会有10%的内容质量较差。作为组织者，你需要做好预期管理。假设你的产出目标是10个，最好备选12～15个主题，才能保证最终目标的达成。

很多企业在第一次开展萃取工作时会有较高的预期，忽略了会有一部分人配合度较低的情况，从而导致无法产出有质量的成果。这是需要企业关注的问题。

3. 后期辅导优化

在完成直播和萃取辅导后，企业需要为学员，尤其是优秀学员创造有仪式感的分享机会。大多数认真完成萃取的学员，一定希望有机会展示自己产出的内容。如果我们可以搭建一个平台，为这些优秀的伙伴提供展示自己的机会，也可以营造组织内部分享和交流的氛围。

例如，首都机场集团开展案例评审工作，会同步进行线上直播，让优秀的案例和个人有机会在集团内部进行展示。

再如，人保集团每年选出优秀员工及案例参加案例分享大会，集团高层领导会到场听取员工分享。这使得基层的"牛人"有机会在高层面前展示自己，从而激发一线员工积极参与。

总之，对组织方来说，线上萃取相比线下萃取，运营成本更高，过程管理的精力成本也更高。但同时，学员可以利用碎片化时间完成任务，对学员来说效率更高。

第三节
公司没有开展过萃取工作，第一步应该做什么

很多快速发展的企业处于摸索期，这时候并没有成熟的体系去支撑某项机制落

地。在这个阶段，企业更加关注业务上的成功。如果身处这种类型的企业，如何推动组织经验萃取的落地？

在这个阶段，不适合在第一步就建立体系，以免让员工有水土不服的感觉。在此阶段，应该围绕"以解决问题为导向"的逻辑，不过分强调体系，而是强调萃取工作与业务问题的关联度。

所谓以解决问题为导向，就是要明确找到"经验能解决的具体问题"，而且这个问题离经营、离业务越近越好。例如，华为的经验收割体系解决了一线项目端的工作重复利用率问题，A银行的案例开发解决了如何找到一线业务关键动作的问题，百丽的案例库解决了一线门店导购如何回答客户问询的问题。

你会发现，你要解决的问题越明确，你要做的工作也就越明确。笔者每次与企业甲方沟通，都会和他们探讨一个问题：做经验萃取与案例开发究竟要解决什么问题？这时候，有些人会告诉我"是为了让组织内部的智慧可以留存下来"。这句话本身并没有错，但这句话只是萃取工作的意义，并不是要解决的问题。

我们必须找到一个具体的问题，哪怕是"如何让培训师讲课学会用案例"。

另外，问题不要过于宽泛、抽象。例如，"如何推动学习型组织能力建设"这个问题，从笔者个人的经验来看，用"让××业务在××情况下能××"这个结构去聚焦问题，说不定能提高效率。

问题越聚焦，应用场景也就越聚焦，最终成果也一定更容易落地。其实我们在企业推进任何项目，都是在回答"我能解决什么问题"，但如果你希望解决的问题超越企业所处的发展阶段，那么你很难得到答案。

第四节
为什么"牛人"会做事但不会总结

先来看一个案例。A企业以经销电器为主，拥有1000多名销售人员。为了提升整体销售效率，销售总监组织几位销售"牛人"来分享个人成功之道。他满心期待这些"牛人"能把秘籍传授给其他伙伴，但结果很不理想。这些"牛人"不是分享了"正确的废话"，就是支支吾吾地说不明白。

这让销售总监很生气，他觉得这些人有意隐瞒成功经验，就是不想给别人传真经。

为什么会出现这种情况？真相是否如销售总监所想，"牛人"是故意隐瞒自己的成功经验？

在笔者看来，这些"牛人"并不是不愿意分享，而是真的不会分享。对任何一个组织来说，"牛人"都是财富，他们在自己的岗位上得心应手，对别人来说一筹莫展的问题，他们往往能轻松化解。但当我们想让他们总结"成功的方法"时，却发现他们往往"不会总结"，原因是什么呢？

原因1：缺乏归因能力

一个组织中，离"战场"越近的伙伴，往往归因能力越弱。这是因为他们在长期"战斗"的过程中，形成了遇到问题解决问题的思维，并不需要用"思维框架"来总结经验，有时候瞻前顾后，反而会影响工作效率。他们甚至还会经常吐槽总部制定的体系、模型，他们觉得这些没有用处。

对一线岗位来说，打仗多了，自然能学会如何打胜仗。这就好像让你去总结"如何才能用好筷子"，你会发现虽然你已经用了几十年，但还真不见得能把"如何才能用好筷子"这件事解释清楚。

其实做事和总结完全是两种思维方式，如果没有正确的方法，直接总结成功经验，往往失败率很高。

我们看到那些擅长归因的企业，大多数时候关注对群体经验的共性提炼，而非个体的经验总结。例如，阿里总结的"管理三板斧"，就是总结归因的典范。

原因2：关注感受高于关注行为

对于事件亲历者来说，他对体验的感知远高于对逻辑的感知，所以他会下意识地分享感受，而不是分享做法，因为对他来说，那些感受更为深刻。这也是大多数访谈类节目的嘉宾更多谈及理念、感悟，而不是系统做法的原因。这就会让很多经验变为"正确的废话"，无法被应用。

例如，让你分享读大学的经验，你首先想到的一定不是课堂上学到的知识，而是对这段经历的感悟。这是人之常情，休谟说过："理性永远是感性和情绪的奴隶。"

既然如此，难道就无法从这些"牛人"身上提炼有效经验了吗？

笔者认为，只要用对方法，同样可以让"牛人"总结出可以应用的经验。

(1) 找杠杆，即找到一件事情中具有带动作用的关键动作。

在现实中，解决问题的关键点，往往能够带动其他问题的解决。而这个具有杠杆作用的胜负手，就是首先要找到的关键。

在经验萃取工作中，笔者一般会让业务专家思考的第一个问题是：为了解决这个问题，最少需要做什么？在问题不变的情况下，如果只做一件事情，你会做哪件事情？

我们往往容易陷入的第一个误区，就是想解决所有问题，而"牛人"往往会快速找到事件的关键杠杆。

(2) 把大问题变成小问题。

在前文提到的销售总监让"牛人"分享经验的案例中，笔者分析发现，销售总监之所以没有获得想要的经验，是因为他问错了问题。他的问题是"你有哪些完成业绩的成功经验"。

这个问题是一个"大问题"，"大问题"的答案通常是"正确的废话"。在统计学中，有这样一个经典题目：当你问一群人"芝加哥有多少位钢琴调音师"时，这些人通常先是一愣，然后一拍脑门给出3000～10000位的答案；而当问题拆解成"芝加哥有多少人口？有多少家庭？拥有钢琴的家庭比例是多少？一架钢琴一年调几次音？一位调音师一天可以调几架钢琴？他们一年工作多少天"时，据此推断出的答案要准确得多(笔者通过试验收集的答案是100～300位，正确答案是83位)。

所以要想萃取有效经验，不如把问题变小。不要问对方有什么成功经验，而是问他"顾客进门你会对他说什么？你通常先控制设备的哪个按键？一般客户经常提问的3个问题是什么"。

这些小问题能换来更精准的答案。小问题的答案越多，我们越能从中总结出可复制的做法。

当然，以上说的这些只是一些小技巧，要萃取"牛人"的经验，还需要其他因素配合。例如，业务部门能否提供支持？个人是否有内驱力？等等。

第五节
学员参与度低怎么办

现在越来越多的企业通过经验萃取来挖掘内部的宝贵经验和智慧，但笔者也听到很多培训部门的伙伴反映这样的情况：大家知道经验萃取工作的价值和意义，但具体开展萃取工作时，学员参与度较低，现场培训效果不佳。

在笔者看来，出现这种现象的重要原因是我们过分关注逻辑而忽略了人性。也就是说，我们过于关注为什么要做经验萃取、这件事情对组织的价值是什么、通过什么方法和逻辑可以萃取有效经验，而忽略了学员为什么要参加经验萃取、参加经验萃取对他有什么好处、能帮他解决什么问题。

当学员的态度不端正，使用任何方法和工具都是徒劳的。要改变学员的态度，应找到经验萃取与他需要解决的问题之间的链接。所有人都是基于自己的理由做事，而非旁人的理由，当你们的理由高度匹配时，才能有共同的动力去实现共同的目标。

要提高学员参与度，可从以下几方面着手。

1.通过体验理解"经验萃取"的好处

直接告诉学员经验萃取有哪些价值是无法改变他的态度的，正确的方法是创造体验使其感受经验萃取的价值。

例如，讲师可以让学员尝试对一件事情进行总结，然后看看他的经验能否二次应用，而后讲师再给出一个更好的方法来总结经验，帮助其解决某个工作问题。

这种切身感受，远比讲道理和举例子有效得多。

当然，讲师必须确保这件事情能给学员带来价值，而不是假大空的理念。

2.要"答疑"也要"解惑"

在经验萃取工作坊中，曾经听到不少这样的声音："老师，我觉得我们萃取的经验更多是帮助别人解惑，但我们来这里更希望能解决自己的问题。"

每个学员坐到教室里，其实都带着"学点什么"的目的而来，如果他发现整个工作坊就是不断地输出，没有任何输入回报，他一定会丧失参与的动力。

所以在经验萃取工作坊中，除了让学员不断地输出，还要有能为其带来价值的认知或工具，能帮助其解决一些问题。笔者每次都会根据学员的岗位特点判断他们的工作痛点，然后加入管理、营销、思维等工具模型，结合他们萃取的案例和经验进行分析解读，让他们在工作坊中产生获得感，从而激发其投入意愿。

笔者一直觉得，经验萃取的讲师应该着重研究各领域的案例、知识、工具，能做到基于不同岗位和工作场景帮助学员进行认知输入，而不是仅仅研究"如何做经验萃取"这件事情。

3.创造更多的对话机会

学员们面临的问题相似，可互相借鉴经验。如果学员能将通过交流获得的经验和讲师促成的认知输入结合起来，会有更强烈的获得感，也会激发其更加投入来完成萃取工作。

对话的方法有很多，包括引导技术、结构化研讨等。

总之，任何生硬的道理在人的态度面前都很渺小，经验萃取工作坊面对的是活生生的人。了解人性，据此激发学员分享经验的动力才是经验萃取工作坊成功的关键。

第六节
销售人员的经验萃取需要注意什么

在企业中，销售人员是最值得萃取但也较难萃取的人群。优秀的销售人员产生的效能，往往是普通销售人员的多倍。但与此同时，大多数销售人员归因能力较弱，容易萃取出类似"以客户为中心"这样"正确的废话"。

1. 萃取的切入点是什么

针对销售人员，首先要明确萃取的切入点。企业针对销售岗位通常都会制定标准化的营销流程(SOP)。在理想情况下，销售人员按照营销流程开展工作，可以产出销售成果。但在现实中，往往不会出现理想情况，大多数销售人员在工作中会面临销售流程中没有的问题和挑战，而如何应对这些非标准化的问题和挑战，导致了销售人员之间的效率差，这也是销售萃取的切入点。

2. 萃取的关键点是什么

所谓关键点，就是要明确对于不同类型的销售，值得萃取的有效经验是什么？从大的方面分类，销售分为to C型和to B型两种。

to C型销售面临的销售场景同质性较强，例如连锁门店的销售，大多数情况下都是在门店与顾客沟通、营销。在这种场景下，萃取的关键点往往是话术、窍门等"拿来就能用，用了真好使"的经验。例如，一个手机门店的营销人员掌握了几句关键话术，就可以提升营销效率。

to B型销售面临的场景相对复杂，在营销过程中，很可能需要与企业中不同岗位的人打交道，同质性较弱，应对A客户的经验很难直接复制到B客户身上。例如，银行对公销售人员面临的企业客户的情况都不一样，很难用一套标准方法向不同的客户营销，这时候，萃取的关键点往往在于流程套路和对人性的认知。

3. 销售人员萃取经验的注意事项有哪些

(1) 明确应用场景和形式。萃取的出发点应该是基于应用场景的思考，也就是说，首先要明确萃取的经验如何应用。是制作案例集传播？还是组织员工进行线上分享？或者是以问题解答的方式供其他员工检索？

明确了场景，就可以选择产出形式。笔者认为，要帮助萃取对象找到成本最低的还原案例和经验的方式，成本越低，才越有可能萃取更多有效经验。例如，华为对小案例的定义是"一事、一问、一得"，也就是一件事、一个问题，一个心得，短小精悍，每个人都可以随时记录，这些经验会在内部共享，每个人都可以在搜索框中检索他人处理问题的经验，从而形成经验共享的闭环。

(2) 明确激励方式。萃取对象贡献自己的经验和知识，是希望能换取相应的回报，如果仅仅是单向输出，很难有高价值的经验产出。企业内部经验的流动是一个交易的过程，需要有相应的"通货"作为保证，比如钱、认可、尊重等。"牛人"的时间和精力都是有限的，与别人共享自己的经验不仅占用时间和精力，同时还会削弱自身经验的价值，因此互惠性是开展萃取工作的基本原则。违背了这个原则，有关经验的所有"交易活动"都很难开展。

对于销售人员，往往很难通过物质激励达到萃取目的。笔者认为，他们更看重"展示自己"的机会，也就是能将自己的经历和风采在更大范围内展示。所以在开展萃取工作之前，可以先进行内部宣传，打造出"他们就是最牛销售"的场域，激发其分享的意愿。例如，某银行的信用卡团队在开展销售人员萃取前先在内部造势，以打造"topsales团队"的名义宣传萃取对象，同时还会为其创造在内部大范围分享经验的机会，很好地激发了这些销售"牛人"的积极性，大家都争着分享自己的干货经验，最终取得了很好的成果。

(3) 学会说"人话"。说"人话"，是指在萃取过程中不要使用太专业、太笼统的语言，不要说"如果让你总结，你会给出什么套路"，而要问"下次再面对类似的客户，你第一步会做什么？会说什么？会用哪几张表格"。

很多时候，企业开展经验萃取不成功，往往是因为使用太多所谓专业的工具，导致学员陷入困惑。当一个人听到过于专业的语言，第一反应往往是抵触而不是接受。在笔者看来，专业的萃取不是用了多少所谓专业的工具，而是真正找到和萃取对象相同的频道。

第七节

如何将个人经历通过萃取转化为人生财富

在经验萃取中，我们往往会忽略一个事实，很多时候，最值得萃取的那个人可能是自己。每个人的人生经历都是一笔独特且宝贵的财富，而且仔细分析你还会发现，在看似不同的经历中，支撑你的都是同样的"灵魂"，这可能就是所谓的命运。但遗憾的是，大多数人很少去复盘个人经历，也从未尝试在经历中找到自己的"命运"。

要想将自我经历转化为人生财富，可从以下两点入手。

1. 回顾人生经历曲线

你需要做的第一步，是找一张空白的A4纸画出一幅图。然后仔细回顾自己的职业生涯甚至全部经历，找到自己的境遇起落点和情绪状态变化点。通常情况下，你能发现一些规律，例如总是同样的原因让你陷入低谷，但也总有同样的力量帮你走出困境。如果你每次的情绪下行都是因为人际关系冲突，那证明你十分看重人际关系，因此可以推断，在和谐的人际关系环境中，你能发挥更大的价值。但你很可能在过去的多年中，把KPI、赚钱当成主要目标，从而忽略了自己的原动力。

图14-2就是某位学员画出的人生经历曲线，通过这条曲线，可以直观地展示这位学员的职业经历。

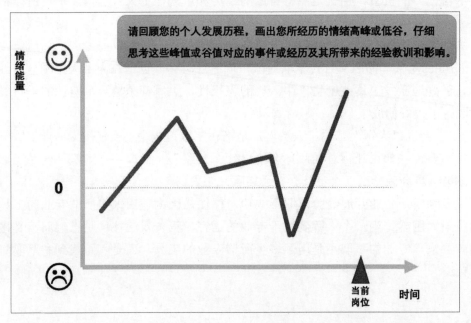

图14-2　人生经历曲线示例

笔者曾见过很多人在这个环节掉下眼泪，他们感慨于过去的多年都活在了别人的评价体系里，而忽略了自己的原动力。

2. 问自己几个问题

画完人生经历曲线，可以问自己以下几个问题：重要的情绪波动往往发生在哪些情况下？推动自己成长的原动力是什么？在职业生涯或人生历程中最大的感悟是什么？

如果你认真回答这几个问题，会发现很多时候，在你的潜意识中，都有一种力量在指引你，只是过去没有意识到。你会发现你的每一次情绪波动，可能都是因为自己偏离了内心的轨道。例如，你明明是一个喜欢独处的人，但因为在意别人的看法不得不去社交，这种相互拉扯的能量会让你的人生曲线下行。当然，每一次曲线下行也可能给你带来新的能力。这时候，你同样要思考，究竟是什么力量让自己重回正轨？是家人的期待？还是人生目标的指引？

　　大多数情况下，我们过于注重外界的标准而忽略了自己内心深处的意识。你能走到今天，真正起到牵引作用的就是你内心的原动力。当你的行为与你的原动力高度匹配时，你会发觉自己处于一种投入、幸福的状态；而当行为偏离了原动力，你会感到焦虑和痛苦。

　　每个人都应该活出自己。现在，基于你的原动力，为自己设定接下来的目标吧！想想接下来的3年里，你能做什么与原动力相关的事情？你能把你的原动力转化为哪些具体的行为？

　　人生中最消耗能量的行为就是"装"——把自己装成另外一个样子，把自己装成另外一种性格。当你被"装"消耗了能量，就没办法活出真正的自己。

　　所以，我们要找到自己的原动力，对自己进行萃取，实现人生价值。

资料篇

参 考 范 例

拿什么挽留你，
我的客户
——客户挽留技巧

1. 引文

　　2014年6月30日下午，客户张女士到A银行某网点要求做大额取现交易。经询问，张女士表示，她之前购买的理财产品已到期，同时在B银行看到同期限理财产品的收益率更高。因此，张女士想要将理财到期的30万元资金存入B银行，以期获得更高收益。

　　A银行理财产品处于劣势，而银行服务在张女士的印象中又是同质化的。小刘作为理财经理，该如何接待张女士并提出合理的资产配置方案呢？

2. 背景介绍

1) 人物信息

　　张女士：年龄50岁，性格偏向于"急躁冲动"类型。在A银行开户已经8年，是A

银行白金客户。风险评估显示：张女士的风险承受能力较弱，在理财投资方面注重产品收益，从未在A银行购买基金等较高风险的理财产品，开户以来一直购买"TXY"系列理财产品。

小刘：A银行理财经理。她虽然不是张女士的专属理财经理，但平时和张女士也有交流，对张女士的投资习惯有一定了解。小刘初步分析，张女士属于"产品收益驱动型"客户。

2) 产品信息

(1) A银行"TXY"系列产品：

"TXY"简介	产品期限分类	客户群体分类
TXY是A银行固定期限、风险较低型理财产品，可以按照产品期限或客户群体进行分类。特定时间内会有特殊产品发行，如移动专属、新客专属、年终计划等，收益率同比较高	35天	普通客户
	3个月	白金专属
	6个月	钻石专属
	12个月	—

(2) B银行产品。在案例发生的时间点，该理财产品(1年期)的收益率比A银行1年期的理财产品的收益率略高。

3. 具体情况

横看成岭侧成峰——灵活变通的挽留客户技巧

2014年6月30日，小刘在网点大堂巡视，突然看到客户张女士急匆匆走进来。虽然张女士不是小刘的客户，但平时办理业务时两人也有交流，而且张女士是A银行的白金客户。

小刘赶忙迎上去，微笑着对张女士说："您好，张阿姨，好久不见啦！请问您这次办理什么业务？"

张女士看起来比较着急，回答："我要取款！"

因很多客户平时不习惯使用ATM机，更喜欢柜台服务，加之网点人流量较少，小刘特意为张女士取了一个VIP号。在她等待业务办理的过程中，小刘询问："张阿姨，您要取多少金额？我让柜台先帮您准备一下！"

张女士说："我要取30万元！"

此时，小刘感觉到营销的机会可能来了，于是试着询问："张阿姨，30万元现金数额较大，柜台确实需要先准备一下。您这笔钱是存在活期账户还是存在定期账户啊？"

张女士回答："存在活期账户里。上笔理财刚到期，昨晚收到短信，已经到账了。"

小刘心中隐隐觉得有些奇怪。因为张女士之前的投资习惯是一笔理财到期后，如没有其他用途，通常会继续投资。为什么这次要取出来呢？

小刘问道："您要取这笔钱是因为家里急用么？"

张女士有点不好意思："那倒不是，还是计划买理财。本来我打算继续买你们银行的理财产品，不过刚刚路过B银行，看到他家的理财产品收益率比你们高一点，而且买理财产品还送一袋大米！你抓紧让柜台准备一下，B银行再过半个小时就要下班了！"

这时，小刘注意到叫号机快要叫到张女士的号，决定先稳住张女士，并试探着问了一句："张阿姨，您有没有看过B银行那个一年期理财产品的介绍书啊？"

张女士明显一愣，说："没有看过，我只是路过的时候，看到B银行也有1年期的理财产品，收益率是5.32%，比你们银行高一些。如果我买这个理财产品，我的收益也能多一些！"

小刘把握住张女士并未详细了解对方理财产品这个点，说道："张阿姨，您之前买过我们行的理财产品，应该也知道，风险高的理财产品收益自然会高一些。您在我们银行买的1年期理财产品风险较低，收益还算可观。所以，我建议您先了解一下B银行那款理财产品的风险，再做决定不迟。"

张女士听完，有些犹豫，不再像刚刚谈话时那么坚定，她说："你说得有道理，我刚刚路过B银行的时候应该多了解一下！"

此时，小刘又注意到张女士是独自来网点办理业务的，便说："您一个人取30万元现金拿到B银行，路上多危险啊！再说，您就算现在赶到B银行，在柜台办手续也要半个多小时，很麻烦！"

张女士流露担忧的神情，说："我刚才只想着赶紧去买理财产品，没想到这些问题！要不我明天再过来吧！明天我先去B银行了解一下理财产品的情况！"

至此，张女士明确表达不想继续办理取款业务，也对B银行的理财产品产生了一定的疑惑。小刘成功缓和了张女士的急躁情绪，为接下来的产品介绍赢得了时间和机会。

长风破浪会有时——另辟蹊径的理财投资介绍

此时，张女士并不急于购买B银行的理财产品。小刘觉得这个时候可以和张女士进行更深入的交流，挖掘她的需求，并进行理财产品推荐。

小刘说："您还是想买像之前那样的1年期风险较低的理财产品吗？"

张女士说："对啊！风险高的理财产品我可不买！我之前买什么理财产品你也知道啊！"

小刘登录系统快速翻看张女士的理财信息，注意到张女士从未购买过风险较高的基金等理财产品，从开户至今只购买"TXY"系列产品。于是，小刘打消了为张女士配置高风险理财产品的念头，决定利用不同时间点的理财产品组合配置来打动张女士。

小刘说："张阿姨，我们在年底会做一个年终理财产品，这款理财产品和您之前买的理财产品属于同一个系列，风险程度类似，期限为88天，预期收益率有5.6%呢！"

张女士被5.6%这个数字吸引住，说："这个收益率是挺高的，不过现在到年底还有好久呢！"

小刘说："这款理财产品的预期收益率确实很高，如果您用所有资金投资1年期理财产品，就会错过这款理财产品，那样也太可惜了！"

张女士对这款理财产品产生了兴趣，说："你说得对，但是我确实计划1年内不动这笔资金。"

小刘说："您看这样行吗？您可以先买6个月的白金客户专属理财产品，这款理财产品到期后，正好可以购买我们推出的那款年终理财产品，另外我们还有白金专属3个月理财产品。您采用这个投资组合，也相当于买了1年期的理财产品。"

张女士有些兴奋，问："那到期的总收益有多少？"

小刘按预期收益率帮张女士计算一番，说："这样算下来，您的收益会比买B银行那款理财产品多200元。而且张阿姨您想想看，购买1年期的理财产品虽然可以锁定收益率，但如果您选择分期理财可以分期拿收益，您用这笔收益继续投资或者做家用都是可以的！也许到时候还会有收益率更高的理财产品，你选择的机会更多呢！"

张女士很感兴趣："好的！我考虑一下！"

在和张女士交流的过程中，小刘发现张女士除了关注理财产品的风险，更关注收益率。因此，小刘便用收益率来吸引她的注意力。在张女士要求的配置期限内，小刘采用纵向配置方式为其进行理财规划，张女士对这种配置方式非常满意。

直挂云帆济沧海——乘胜追击的交易促成能力

张女士想要回家再考虑一下，小刘很清楚，张女士已经对理财产品规划方案动心了。为促成交易，小刘决定从白金客户的权益及产品特点入手，再给张女士"加把劲儿"。

小刘乘胜追击："张阿姨，您还是我们行的白金客户呢！白金客户购买理财产品可以进行白金卡积分，达到一定积分可以兑换体检。我看您之前的积分已经很高了，继续投资很快就可以兑换体检。而且您今天购买的话，明天就可以起息。明天是周五，假如您明天再购买，恐怕就要等到星期一才能起息！"

张女士听完小刘的话,急切地说:"那你赶紧帮我看看有没有额度?我先买6个月的那款理财产品!"

接下来,小刘协助张女士进行操作,购买了"TXY"6个月白金专属理财产品。同时,小刘告诉张女士,理财产品到期后银行会及时告知,到时候再帮她购买哪款年终理财产品。另外,小刘承诺会关注张女士的白金卡积分,进行后续维护和跟进。张女士表示非常满意,对分期理财的方案也很认同,并表示以后会多考虑这种投资方式。

4. 经验萃取

1) 理念

(1) 假想成交法。假想成交法即假设客户办理业务时会遇到什么困难或者之后将面临什么风险,将问题充分展示给客户,从而为理财规划和产品推介争取时间。

在本案例中,客户在无充分准备的前提下,来网点办理大额取款业务并打算在他行购买理财产品。假定客户在我行办理了取款业务,那么客户将随身携带大额现金去他行办理存款业务,这个过程对客户来说有一定的危险性,而且会耗费很长时间。理财经理应引导客户考虑这些问题,动摇客户之前的选择,抓住机会进行营销。

(2) 通过多维度策略设计理财方案。在资产配置方面,理财经理可以多维度地进行考虑。例如,横向维度上不同产品的搭配,纵向维度上不同时间点的产品配置。无论选择哪个维度,都要搭配数据分析进行证明。

在本案例中,客户的风险承受能力和产品期限是一定的,于是理财经理转换了角度,从不同时间点的产品配置来考虑,并阐述这种方案的优点。在客户动心之后,理财经理又采用"早购买,早起息,早收益"的话术,乘胜追击,促进了成交。

2) 方法

在本案例中,理财经理正是通过以下三步影响了客户的购买决策。

第一步:摸情况

当客户打算购买其他行的理财产品时,理财经理不要急躁,要学会站在客户的角度理解客户,从而找到客户真正的关注点。

在服务同质化的前提下,客户一般会根据自己的需要,优先选择收益率最高的理财产品。这个时候,理财经理不要急于用服务或关系来劝说客户,或者"道德绑架"

客户，让其产生内疚感，而应该站在客户的角度，仔细了解信息，从中找出挽留客户的突破点。

案例中，小刘抓住了张女士对其他行产品并未深入了解的机会点，成功地缓和了张女士的急躁情绪，为接下来的产品介绍赢得了时间和机会。

在这一环节，适当运用话术非常重要，以下为理财经理经常使用的话术、造成的影响及建议使用的话术。

背景	话术效果分析		建议使用的话术
	经常使用的话术	造成的影响	
服务同质化 产品同质化 产品相对弱化	**感情牌**：您看我们平时关系这么好，我最近业绩压力也很重，您就当帮一下我，这笔钱还是留在我们行吧	容易引起客户反感。客户认为你的关注点在他（她）的钱上面，你并没有真正关心她的想法	**1. 您是我行的白金客户，之前也购买过多款理财产品，相信您对我行的产品理财收益和风险都有充分的了解** **2. 您有没有充分了解其他行理财产品的风险呢**
	收买牌：要不您先买我行1年期的那款理财产品，我会送给您一些礼物	容易形成"礼物交换收益"的不良循环	
	放任牌：那您先购买其他行的产品吧，到期之后您再看一下我们行的理财产品	轻易流失客户	
特殊经验： 关注客户更多的隐藏信息，如客户办理大额取现是否存在后续风险；客户在其他银行是否有专属的理财经理；客户去其他银行办理业务是否方便；客户在其他银行是否享有同样的权益			

第二步：找差异

在A银行理财产品确实存在同比收益率较低等缺点时，理财经理不要刻意贬低他行理财产品或者单一地比拼收益，而是找到A银行能给客户带来的价值，突显差异性和不可替代性，让客户感觉更换银行的成本较高，如此才能打消客户更换银行的念头。

需注意，理财经理无须刻意为客户推荐收益率高但风险也较高的理财产品，可以先试着向客户传达资产配置的理念，从时间条线上给客户做理财规划，并说明这种方式更有利于客户对资金的掌控。相较于客户要更换的银行，A银行的优势是更加了解客户，应充分利用这个优势，站在客户的角度思考问题，找到关键点。在本案例中，小刘抓住了"客户并未详细了解B银行理财产品"这个关键点，强调客户对其理财产品并不熟悉，而与A银行已经合作了8年，"生与熟"的差异点，正是A银行不可替代性的体现。

第三步：荐方案

当你能针对客户的痛点给出一些建议和解决方案时，客户会更愿意接受你的建议，成功挽留客户的概率也会更高。

案例中，小刘基于张女士要求的配置期限，采用纵向配置方式，即利用不同期限理财产品的组合为其进行理财规划。张女士对该配置方式非常满意，后续若能再匹配一些能让张女士更有尊属感的服务，该客户黏度会相应提高。

在这一环节，适当运用话术也很重要，以下为理财经理经常使用的话术、造成的影响及建议使用的话术。

背景	话术效果分析		建议使用话术
	经常使用的话术	造成的影响	
我行产品收益率较他行低	**恐吓牌**：其他银行的那款理财产品风险肯定比我们行的高，您还是考虑我行这款理财产品吧	对他行刻意贬低，影响我行理财人员形象	1. 我可以为您做资产配置，既符合您的要求，又可以提高资金的流动性 2. 固定期限的理财产品固然可以锁定收益率，但是分期理财便于您随时变换理财手段，把握购买好理财产品的机会 3. 我帮您计算一下资产配置的收益情况吧
	产品牌：您考不考虑风险更高的理财产品？风险更高的理财产品收益率也高，要不您这次试一下吧	只接受低风险理财产品的客户容易情绪反弹	

特殊经验：可以适当运用数据分析，将分期理财产品的收益情况与他行固定期限理财产品的收益情况进行对比。在此过程中，可依据客户的关注点，综合考虑多种理财配置方案，根据客户情况选择最适合的一种，适当给予客户两点建议：①家庭理财规划需要注意的地方和理财配置的原则；②认识理财产品和理财规划中的风险

陷入困境的新经理

1. 情景导入

夜幕降临，华灯初上。刘志明在加班间隙从办公室的窗户望下去，看到笔直的马路上排列着许多刹车的红灯……他看着玻璃中映出的难掩疲惫的自己，叹了口气，思绪回到自己初入职场的时候……

刘志明是一位"80后"，2008年，他以管理培训生的身份进入怡云公司。怡云公司是饮料行业的顶级公司，拥有怡云、VC橙等广受市场欢迎的系列产品。怡云北京公司主要负责北京地区的产品生产与销售，无论是市场占有率还是业务增长率，一直保持领先地位。其中，市场部和业务部是公司的核心部门，市场部主要负责制定公司市场策略，类似总参谋部；销售部主要负责执行业务策略，达成销售指标，相当于作战部队。公司将北京划分为不同区域，每个区域由一个销售部负责，对接辖区内所有客户，处理所有业务。

时间过得飞快，转眼间刘志明进入怡云快7年了，他在怡云的发展还算顺利。后来，刘志明被调到销售部，成为总监张健的下属，担任北京地区第九销售部的经理。

第九销售部辖区内约有500家客户，其中重点客户26家。销售经理要管理3名主任，每名主任带1个小组，共有17名销售代表。全年销售目标3000万元。

场景一：四面楚歌

刘志明看了一眼手表，已经晚上八点钟。掐指算算，他走马上任已满3个月，当初雄心万丈的感觉已经消失殆尽，取而代之的是沮丧和茫然。

刘志明有3名业务主任下属，可以说一个比一个难以领导。王汉年轻有干劲儿，可是芝麻大小的事都要来请示。陈思思开朗直爽，但经常"神龙见首不见尾"。资格最老的李大为经验老到、业务熟练，在小组里话很多，可是不善于和领导沟通。

最让刘志明担忧的是，第九销售部的业绩连续3个月呈现下滑趋势，对比去年同期也不尽如人意。销售总监张健的脸上再也看不到原来爽朗的笑容，而变得越来越严肃，这也是他最近不敢直接面对张健的主要原因。

李大为担任主任已经3年多，手下的销售代表跟他也有两三年。他比刘志明大5岁，是第九销售部资格最老的员工，业务能力比较强，业绩一直很稳定。刘志明到任之前，他接任经理的呼声很高。据说是因为李大为学历不高，为人处世也不够圆滑，才失去晋升的机会。在刘志明上任前，公司人力资源部和销售总监张健都提醒过他，要处理好与李大为的关系，这是成功接手、平稳过渡的关键。最初刘志明观察，对于他的到来，李大为没有表现明显的不满，还在各种场合多次提到绝对会全力配合刘志明的工作。这让一直心中不安的刘志明松了口气。

但很快刘志明发现了问题。为了快速熟悉业务，刘志明让李大为带自己去拜访客户。可是几次过后，他发现，李大为把自己介绍给客户后就不再讲话，刘志明只好自己与客户交流，而谈到涉及订单或合同条款等实质性问题时，客户就会把目光投向李大为，像是征求意见，又像是寻求保护……这让刘志明很尴尬。更让刘志明恼火的是，有好几次，李大为他们组开会的时候气氛热烈，而刘志明一进去，所有人都很有默契地沉默……虽然李大为很客气地让他做指示，但刘志明还是清楚地感觉到自己像一个局外人。

另一位主任王汉，之前是销售代表，在刘志明上任前几天刚刚被提拔为主任。他年轻有干劲儿，对刘志明言听计从。在给自己下属开会时，张口闭口"刘经理说"，这让刘志明深感欣慰。刘志明认为王汉应该是最好管的一个。但他慢慢地发现，王汉自己加上6名下属，凡事都会向他请示，每个客户出了问题都要找他，有时候客户甚至直接给他打电话，搞得他焦头烂额。他觉得在王汉面前，自己成了个保姆。稍微一放手，王汉那里就状况百出，业绩也难以完成。

主任陈思思是个快言快语的女孩，销售部所有人和她的关系都很好，她也能维系好与客户的关系。陈思思手下的5名销售代表都是年轻人，整个小团队活力十足。刘志明还发现，这个组是影响部门气氛的关键因素。刘志明很喜欢这个团队，当他感到疲倦时，很喜欢和陈思思团队的人一起吃饭、喝酒、聊天。不知不觉中，他与陈思思团队在一起的时间最多，关系也更亲密一些。

直到有一天下午，刘志明在回公司的路上想起一个数据不确定，就打电话向陈思思查证，顺便问她在哪里。陈思思说："头儿，我正在跟思源客户谈合同呢！今天还要去见别的客户，就不回公司啦，明天见！"刘志明一想，思源就在附近，不如自己也去听听。到了思源，刘志明才发现，虽然客户一直强调陈思思刚离开，但他从客户躲闪的眼光中意识到，陈思思可能很久都不曾来拜访客户。这个客户显然也不想跟刘志明多说什么，只想把他打发走。刘志明想，陈思思会不会有其他事情也瞒着自己呢？他越想越焦虑。

场景二：不是我的错

忽然间，电话铃声大作，刘志明坐直身子，接起电话，原来是配送部马主管打来的。

"刘经理，我再跟您说一遍，我们配送部虽说是个支持部门，但我们管的是整个北京地区的配送，不可能所有车都为您服务！"

"马兄，这是怎么了？火气怎么这么大？"

"刘经理，你们部门今天又加了两张订单，可是我们的车早就排满了。王汉和陈思思都说自己的订单急，你说，咱就不能按规定时间提交吗？"

"对不起、对不起，可是您看，我们也没有办法，得罪不起客户啊！"

"道理咱都懂，但您是经理，还是要好好管理下属，我们不能老救火啊！您看，我忙了一天还得加班！"

对方说完，"喔"一声把电话挂断，这一声仿佛砸在刘志明的心上……

算了，下班吧！刘志明拖着疲惫的身躯垂头丧气地回家了。

第二天一大早，刘志明赶到公司开晨会，发现自己的顶头上司——销售总监张健已经在办公室里等自己了。刘志明一边开晨会一边想，这不是好兆头啊。

散会后，他赶紧来到办公室，强挤出一丝笑容，说："张总，对不起，我这阵子实在太忙了，一直没来得及向您汇报工作，怎么能让您亲自来找我呢？"

张健笑了笑："志明啊，我刚才看你们开晨会，似乎大家兴致不高啊！最近怎么样？有什么困难？"

刘志明一时语塞，好像有千言万语却不知从何说起，他咬咬牙坚定地说："没什么，我能克服！"

周末，刘志明没有出门，一直坐在家里沉思。

原来做市场主任的时候顺风顺水，可当上经理怎么就迷失方向了呢？当初自己追求职业发展难道有错吗？现在出了这么多问题，也不能全是我的原因吧？

哪个销售部没有让配送部加过订单？这不是欺负我是新来的吗？还指责我们没有按规定时间提报订单，也不想想公司订单录入系统那么复杂，每次录入都很费时间，一时延误也是难免的。

最近没有促销活动，客户订货受到了影响。

工作太忙一直没时间回市场部看看老同事，他们说我升了官架子也大了。

手下3名主任工作不给力。我对他们诚心诚意，可他们对我呢？都在看我笑话吧……

以上是新上任的刘志明遇到的种种困难。你认为刘志明的问题有哪些？如果你是他，你会怎么做呢？

2. 教学笔记

教学目标：

(1) 帮助新任管理者梳理角色转型期的关键任务，实现对管理者角色的有效认知。

(2) 掌握就任管理者之后的业务管理及团队管理方法。

课堂讨论问题：

轮次	问题	方式	时间
第一轮	刘志明的问题出在哪里？如果你是他，你会怎么做？	研讨+分析	60分钟
第二轮	刘志明应解决的关键问题是什么？为什么？	共创+辩论+分析	50分钟

理论应用：

(1) 关键目标理论。

(2) 团队发展周期理论。

(3) 目标拆解理论。

(4) 团队风格分析理论。

教学计划：

(1) 阅读案例：10分钟。

① 导入案例：2分钟。

向学员简要介绍案例背景及主人公情况。在介绍背景的过程中，助教将案例发放给学员。讲师可以概述："本案例主要讲述了主人公刘志明的故事，他是一名刚被提拔的管理者，和在座很多人情况类似。他在担任管理者后，面临一系列问题，我们通过这个案例来了解一下。"

② 阅读案例：8分钟。

学员拿到案例之后，讲师可以通过PPT简要介绍案例主人公的工作场景和需要研讨的问题。学员阅读案例期间，讲师可以在6分钟之后询问各组阅读案例进度，并提醒阅读完毕的小组，组长可以带领小组成员进行问题讨论。

注意点：可在阅读案例后让小组选出书记员等角色，转换阅读的低场域，让学员进入研讨状态。

(2) 案例问题分析。

第一轮：刘志明的问题出在哪里？如果你是他，你会怎么做？

① 流程时长：60分钟。

- 小组讨论，20分钟。
- 代表发言，3分钟/组(前2个组发言，其余组补充不同意见即可)。
- 讲师总结，15分钟。
- 讲师总结期间，学员可自由发言，抛出新问题或新疑惑，讲师给予反馈或发动全班进行反馈。

② 注意事项。

- 学员讨论期间，讲师要走动观察各组的讨论结果。
- 讲师要在研讨进行到一半时，提醒学员关注第二个问题的讨论。
- 提示学员用黑色或蓝色白板笔在白板纸上写明要点，不要展开详细内容，讲师用红笔在学员的白板纸上进行总结。
- 学员呈现观点期间，讲师记录信息(记录在白板纸上)。

③ 教学过程(板书计划)

a. 整理学员答案。

- 在学员呈现观点的过程中，讲师需要首先对学员呈现的内容进行整理，学员对此问题的讨论大概率会集中在如下两方面。

  第一，刘志明存在的问题：对管理者的新角色适应不到位；未及时开展沟通；缺乏对工作的整体性把握；与下属沟通不充分、不深入；牵扯太多精力处理日常事务性工作；没有维系好与兄弟部门的关系；工作平衡能力不强。

  第二，刘志明应该怎么做：处理好和三个团队的关系，定期与每个团队进行沟通；拜访重要客户，熟悉业务流程；组织内部团建，加强团队融合；重新梳理内部工作流程，明确工作机制；加强和上级以及兄弟部门的沟通；对年轻的团队成员要多给予辅导；参加管理培训，提升管理认知和能力。

- 在此阶段，学员大概率会将问题和答案一一对应。

b. 回顾案例(板书计划)。

讲师带领学员回顾案例的整体结构，可运用板书或PPT的形式。

c. 追问引导。

- 结合学员的答案，讲师提问：我们所列的所有计划从实施到产生结果，需要多久？学员回答后，讲师追问：所有问题都是需要解决的吗？是否存在比解决所有问题更好的办法呢？

- 在此部分可邀请学员回答。
- 将以上问题用板书或PPT呈现。

注意：在此阶段，关键是让学员建立认知不和谐状态，也就是通过犯错来激发学员的学习欲望。讲师的重点在于引导大家思考"是不是要解决所有问题"，而不是判断对与错。

d. 点评分析。

刘志明现状分析：刘志明现在是怡云公司的区域总裁，管理近1000人的团队。试想一下，刘志明能做到总裁，是不是因为前面提到的所有问题都改进了？他被提拔的关键原因是什么？

- 不要去解决所有问题。通常，你能被提拔为管理者，大体是因为你解决问题的能力很强，你是那个出现各种问题都能及时应对的"小能手"，这成就了过去的你。但当你需要在一个更"高维度"的事项(如带领团队或操盘一个复杂的项目)中取得成功时，你会发现事情变得复杂了，人与人之间的联系变多了，事与事之间的风险变大了。就像案例中的刘志明，面临相较之前更复杂的情况，瞬间失去了方向。这时，我们会下意识地认为做得越多、越努力，就越有利于改变现状。可在现实中你会发现：你最大的问题，就是想解决所有问题。请记住这个观点，这个误区可能会成为我们和那些优秀者之间的分水岭。
- 在白板上画出柱状图，对比工作时间和可用于关键项目的时间，你会发现在实际工作过程中，有较多日常工作需要处理。
- 寻找关键杠杆。在大家的研讨中，我们找到了很多问题，并对应找到了解决方法。接下来我们就来分析一下，在实际的工作场景中，如何让刘志明更高效地达成目标？刘志明的现状是就任新岗位，从而产生了新目标，并由此面临一系列新问题。面对这些新问题，理想情况自然是所有问题都能有相应的解决方法或资源。例如，要完成某个项目，正好有能力的员工愿意去做；但在现实中，管理者面临的现状通常是资源有限。也就是说，和我们想要达到的目标相比，资源永远处于有限或稀缺的状态。这也就必然导致一个结果，那就是虽然我们列出的解决方案可能有效，但有限的资源(时间、能力、政策、方法)限制了目标的达成，而目标又需要达成，那就必须找到一条"达成目标的最短路径"。我们需要重新思考，如果刘志明真的实施改进计划，需要花多长时间呢？这些改进会不会引发新的问题？通常，当我们要解决1个问题时，可能最终就解决了1个问题；当我们要解决3个问题时，往往在解决0.5个问题的时候产生了一堆新问题；当我们要解决10个问题时，往往是解决了0个问题，还导致一堆麻烦。现在请你回忆过去10年的工作和学习经历，你有没有发现，成功往往发生在你集中精力、聚焦解决更为重要的事项的时候。《孙子兵法》有云："备前则后寡，备后则前寡，备左则右寡，备右则左寡，无所不备，则无所不寡。"

如果你想成为更好的自己，那么就要避免陷入"想要解决所有问题"的误区中。

● 新任管理者的工作路径。在大家的研讨中，我们找到了很多很好的方法，例如目标分解、SMART分析、加强跟进等。总结一下，基本上可以将目标管理归纳成3个步骤：聚焦关键目标，进行目标拆解，推进落地执行。我相信，这也是我们在工作中执行的流程，而课程的关键是帮助大家找到在这3个步骤中，能够将"行为代价最小化"的方法。

第二轮：刘志明应解决的关键问题是什么？为什么？

在第一轮研讨的基础上，请学员进行第二轮思考。

(1) 研讨流程时长：50分钟。

● 静默期：在便利贴上写下答案，5分钟。

● 小组内分类汇总，10分钟。

● 请各小组说出答案，要求说出理由，10分钟。

● 分组辩论，15分钟。

● 讲师点评，10分钟。

(2) 教学过程(板书计划)。

① 记录关键词。

● 在白板上记录各组删减后的"最少是什么"，学员大概率会围绕如何搞定其中3个关键、开发客户、搭建流程呈现答案。

② 追问并引导辩论。

● 请全班分为两个阵营——搞定人和做好事。

● 相互阐述理由，每轮2分钟。

● 在这个过程中，其他人可进行补充。

③ 案例分析。

● 肯定双方答案。讲师肯定学员的答案并进行补充，究竟是应先做好事还是先搞定人，需要借鉴一定的逻辑和方法，引导出BEM(business execution model，业务执行力模型)。要找到达成目标的最优路径，最重要的原则就是先控事、再控人。因为人的因素较难改变，同时人的改变也必须建立在"正确的环境和系统"的基础之上。

● 目标达成的前提是改变人的绩效，而非改变人本身。遵循这个原则，我们共同进入帮刘志明找到"高效达成目标"的环节中。

④ 板书计划。

● 讲师将BEM模型的3个方面画在白板纸上(也可通过PPT呈现)。

⑤ 讲师讲解。

● 现在，请你思考：对刘志明来说，是否存在一个关键问题，如果这个关键问题得以解决，就能够让其他问题显得不那么突出，甚至变成根本不存在的问题？如果我们真正身处刘志明的工作场景，就会发现他真正的问题只有一个：没有达到业绩目标。团队暴露出来的其他问题都只是"业绩未完成"的表象。如果刘志明面对的工作是一块巨石，那么他能撬动这块巨石的最佳"支点"就是业绩改进。但如果他关注的是团队氛围不佳、沟通不畅等这些表象，就一定会陷入解决具体问题的痛苦之中。

- 试想一下，如果有方法可以帮助刘志明提升业绩，那么其他问题都可以得到缓解，也会赢得时间让他慢慢去改进。如果业绩问题没有解决，就算刘志明变得擅长沟通和学习，那结果依然是失败的。

- 根据BEM模型，对团队业绩影响最大的因素是"环境因素"，包括：数据、信息和反馈；资源、流程和工具；后果、激励和奖励。这些因素更容易改变，同时改善后产生的效率更高；而相对应的个体因素、不确定因素很难得到完全改变。

- 信息、资源、刺激代表影响绩效的环境因素。具备这些支持因素后，员工就能够展现杰出水平；当不具备这些支持因素的时候，即使员工接受专业培训，表现也难以达到预期的水准。

- 缺乏工作环境中的绩效支持因素是员工展现杰出水平的最大阻碍。我们评判绩效提升方案时，本质上就是要查找缺失的支持因素。

- 绩效提升通常可以只通过环境支持因素来实现，而传统的管理者和人力资源专家却假定是个人而非环境需要"修正"。这就是我们一提到绩效提升就会想到培训的原因。

后 记

　　中国的培训咨询行业在2000年初开始蓬勃发展，那时也正是中国企业的快速发展期。

　　随着中国经济进入新的发展时期，共享单车、外卖送餐、移动支付等新商业模式得到快速发展。与此同时，华为思想、阿里模式也逐步成为人们追捧的企业管理思想"新贵"。这在中国的培训咨询市场上同样有所体现。相比过去对国外企业管理思想的推崇，这些年大家更愿意深度了解华为，更愿意走进阿里。这证明相比国外企业管理思想，中国企业管理思想在新经济发展中更具生存力，也更具推广价值。

　　向自己学习，挖掘中国式企业管理、经营、营销思想，成为一种新趋势。在一个从未有过的市场中，中国的企业家、经理人迸发了新的智慧。笔者在接触众多的优秀企业家与经理人的过程中，深刻地感受到他们身上的变化，"自信"正悄然成为中国企业家与经理人的新气质。

　　当然，很多时候，我们还不具备系统总结经验为他人所用的能力，这使得中国企业管理思想难以流传，我们需要系统地推进"组织智慧沉淀"这项使命，让中国企业走出去，让中国企业管理思想走出去。

　　我们认为，在未来10年，中国企业将用自己的智慧解决自己的问题，并且开始向外输出认知，总体上会按如下三步来实现。

第一步：用自己的智慧解决自己的问题

　　我们首先要沉淀自己的智慧，这些智慧不仅是企业家思考和总结的成果，还是支撑组织发展的思想沉淀。例如，一家制造业企业，其智慧应该来自生产过程，而不在于管理理念和思维。也就是说，我们应在"打仗"的地方总结智慧。

　　找到最值得沉淀的经验，才能真正获得支撑组织发展的智慧。当我们听到"组织智慧"这个词，我们想到的是深奥的"思想"，可真正值得总结的其实是那些"无聊但有用的事情"，它可能是金融行业人员重复做了千百次的客户营销，也可能是制造业人员每天都在重复的产品生产，把这些内容提炼出来，就是组织的财富。

　　总结企业经验，获取组织智慧，我们任重而道远。我们都知道，中国在很多领域已经领先于全球，比如制造业的精细化管理、消费互联网的应用等，但对于这些靠人口红利堆积起来的优势，鲜有人去总结类似"群策群力""六西格玛"这样的智慧。

中国企业在过去这几十年，在执行、开拓方面积累了丰富的经验，这些发生在一线的事情，这些我们习以为常的经历，如果不被记录，相信很快会被人们遗忘。

我们相信，真正能解决问题的智慧通常来自自己。我们可以借鉴他人的智慧，但如果没有对落地应用做任何总结，就只能是东施效颦罢了。

一家企业的核心运营程序是最需要关注的，因为那是企业"安身立命之本"，围绕本质提炼主题内容才更有效。

第二步：中国企业间的智慧流动

中国企业智慧的流动，应该是组织间的智慧流动，也就是A企业的经验可供B企业所用。看到这里，你可能会产生疑问，这些年国内企业学习华为、阿里等企业的风潮一直存在，还需要怎样的流动呢？

其实不管是学习华为还是阿里，大多数企业只是浅尝辄止地了解，甚至谈不上学习。中国企业智慧有很多，它不应该仅仅由少数标杆企业向下传播，更应该跨行业在同规模企业之间大规模流动。

随着商业模式的不断创新，生意的形态发生了很多变化，行业的边界也愈发模糊，对于很多经验，不同行业完全可以共享。笔者曾经接触过一家银行，这家银行在面临行业变化时，着重在社区营销方面进行突破，而其参考的模式就是已经在社区营销领域被应用数十年的某连锁企业模式，最终取得了很好的效果。所以说，组织之间的智慧应该共享，组织也应该跨领域学习更多企业的经验。当然，前提是大家都在总结经验，而不是在知道有人来和你交流经验的时候，临时做一份PPT应付一下。

笔者这些年走访过众多企业，看到了很多不同行业的人其实都在尝试做同样的事情，也都在犯同样的错误。原因很简单，他们不知道别人已经做过了，没有吸取教训。这种经验的浪费在很大程度上影响了企业的发展速度。例如上文提到的社区营销，在很长时间内，连锁行业、互联网行业、金融行业都在尝试，也都在犯错，而解决办法往往是去挖人，但效果通常不好。

企业如果能保持对跨行业领域的学习，学会站在巨人的肩膀上思考问题，将能节省大量的时间和精力。

此外，我们不能只学标杆企业。中国优秀的企业非常多，各个行业的隐形冠军也很多，这些企业不如华为、阿里那么有名，甚至大家闻所未闻，但这些企业沉淀了很多优秀的方法、流程、工具，值得我们学习。笔者见过一家金融企业针对如何给客户打电话制定了详细的标准，也见过某连锁企业的跨界合作模式非常成熟。过去，这些不那么出名的企业的经验很难被引用和借鉴。但现在，借助新的信息渠道，这些企业应该被重新认识。过去，我们看到一家企业成功了，就去全方位地学习。但笔者认为，没有一家企业是各方面都优秀的，哪怕它再成功；也没有一家企业是一无是处的，哪怕它失败了。多去看看那些不在风口上的企业，它们也许能给你带来更多启发。当一条经验、一点智慧可以在更大的范围内流传，就能发挥意想不到的价值。

让中国企业共享彼此的智慧，并相互帮助，是我们的夙愿，也是我们将为之付出全部精力的事业。

第三步：让中国企业智慧走出去

我们认为，在不远的将来，中国企业除了可以为世界创造更多价值，还可以凭借自己的智慧引领企业管理新思潮。

一方面，中国拥有数千年文明史，产生过传承百年甚至千年的晋商精神、徽商文化，这比西方商业智慧起步早得多；另一方面，我们积累了改革开放快速发展的实践经验。中国企业智慧完全可以向全世界输出，也有能力向全世界输出，这些智慧源于我们几千年来的文化基础，源于我们在商业领域的进取和突破。

中国企业经历了前所未有的发展浪潮，也见证了科学技术的迅猛发展，在中国这片土地上，除了有勤劳务实的老黄牛精神，更有砥砺奋进的先进思想。

我始终坚信，中国企业智慧将走向全世界，我们将陪伴中国企业走过这段不平凡的旅程，见证中国企业智慧迸发光芒！

作者

2022年6月